KB189188

한눈에 들어오는
이공계 영어
기술 글쓰기

국립중앙도서관 출판시도서목록(CIP)

(한눈에 들어오는) 이공계 영어 기술 글쓰기 = Effective technical
writing for Korean scientists & engineers / 정채관 지음. -- 서
울 : 북코리아, 2007
    p. ;   cm

참고문헌 수록
ISBN 978-89-92521-19-2 03300 : ₩6500

746-KDC4
428-DDC21   CIP2007001286

이 책을 쓸 수 있도록

아낌없는 칭찬과 격려를 해주신

부모님과 형님, 그리고 누님께

이 작은 결실을 바칩니다.

Effective Technical Writing
for Korean Scientists &
Engineers

한눈에 들어오는
이공계 영어
기술 글쓰기

정채관 지음

우리는 흔히 "기술이 곧 국가의 경쟁력이다"라고 한다. 천연자원이라고는 전무한 한국, 우리 한국이 무한경쟁의 세계경제에서 살아남는 유일한 길은 보다 적극적인 자세를 가지고 세계로 뻗어 나가는 것이다. 그러기 위해 영어능력을 갖추는 것은 두말할 나위 없이 중요한 일이다. 지식사회에서의 연구개발 고급인력은 모든 산업을 지탱하는 원동력이자 국가의 근간을 이루는 소중한 자산이다. 그러나 한국에서 연구개발의 초석이 되는 과학기술자들을 위한 영어 글쓰기 관련 서적을 찾기란 매우 힘든 것이 현실이다. 이공계 영어는 주로 기술적인 사실과 증거에 기반을 두고 글을 써야 하기 때문에 일반 영어 글쓰기와 사뭇 다르다. 따라서 체계적인 이공계 영어 글쓰기 교육은 우리의 경쟁력 확보를 위한 우선적인 과제이기도 하다.

북코리아

한국인을 위한 영어 기술 글쓰기를 출간하며

스위스 국제경영개발연구소는 지난 2004년 『세계 경쟁력 순위』라는
보고서를 발표했다. 이 보고서는 인구 2000만 명 이상의 30개국 경쟁
력을 조사한 것인데, 여기서 한국은 고작 15위였다. 인도, 말레이시
아, 대만, 중국보다도 뒤진 것이다. 한국은 같은 기간 연구개발 인력
수준이 1년 전보다 7위에서 9위로 오히려 떨어졌고, 우수기술 엔지니
어 수준은 겨우 25위에 불과하였다.

　　우리는 흔히 "기술이 곧 국가의 경쟁력이다"라고 한다. 천연자원이
라고는 전무한 한국, 우리 한국이 무한경쟁의 세계경제에서 살아남는
유일한 길은 보다 적극적인 자세를 가지고 세계로 뻗어 나가는 것이
다. 그러기 위해 영어능력을 갖추는 것은 두말할 나위 없이 중요한 일
이다. 최근 매일경제에 보도된 통계에 따르면 영어를 실제 일상어로
사용하는 인구는 전세계 인구 중 8.6%에 불과하지만 전세계 인터넷
내용의 68%가 영어로 구성되어 있다고 한다.

　　지식사회에서의 연구개발 고급인력은 모든 산업을 지탱하는 원동
력이자 국가의 근간을 이루는 소중한 자산이다. 그러나 한국에서 연구
개발의 초석이 되는 과학기술자들을 위한 영어 글쓰기 관련 서적을 찾

기란 매우 힘든 것이 현실이다. 이공계 영어는 주로 기술적인 사실과 증거에 기반을 두고 글을 써야 하기 때문에 일반 영어 글쓰기와 사뭇 다르다. 따라서 체계적인 이공계 영어 글쓰기 교육은 우리의 경쟁력 확보를 위한 우선적인 과제이기도 하다.

과학기술인을 위한 한국어 기술 글쓰기 책은 몇 가지가 나와 있다. 하지만 영어 기술 글쓰기 책은 없다. "바람을 일으켜야 바람개비는 돈다. 바람이 일지 않을 때는 스스로 바람개비를 들고 뛰면 된다." 문화부장관을 지낸 이어령 선생이 1992년에 출간한 『그래도 바람개비는 돈다』라는 책에서 이렇게 역설했다. 길이 없으면 만들어야 하고, 방법이 없으면 함께 강구해 보아야 한다. 바람이 불지 않는다고 기다리기보다는 앞으로 달려 나가며 바람개비라도 돌려보겠다는 각오로 이 책을 썼다.

지난 10여 년간 영국의 공과대학교와 대학원에서 배운 지식과, 영국의 공과대학원에서 석사과정 학생들의 논문을 지도하면서 축적된 정보, 석사논문 심사관으로서의 경험, 그리고 영국 롤스로이스를 비롯한 다양한 영국 회사들과 산·학·연 공동프로젝트를 통해 겪은 산경험을 정리했다. 특히 이 책은 한국 기업에서 일하고 있는 21세기 선진 한국을 이끌어 나갈 한국의 과학기술자들에게 아주 유용할 것으로 생각된다.

단 한 번의 학습으로 이해에서 만족하지 말고 지속적인 연습을 통해서 이 책의 내용을 숙지한다면 일을 하거나 깊은 연구를 진행하는 데도 크게 도움이 될 것이다.

이 책은 영문법 책이 아니다

이 책을 읽다 보면 "왜 보다 더 많은 문법에 관한 설명이 없는가?"라고 불만을 가질 독자들도 있을 것이다. 그러나 이 책은 영문법 책이 아니다. 이 책은 일반 영어 글쓰기와는 다른 영어 기술 글쓰기를 할 때 아쉬웠던 것들, 그리고 꼭 알아두어야 할 사례들을 간추린 것이다. 따라서 문법과 관련된 보다 자세한 관련 용법과 예문은 시중에 나와 있는 좋은 영문법서적을 참조하면 좋을 것이다.

이 책의 표기법 및 주의할 점

이 책은 대다수 한국 사람에게 익숙한 미국식 표기법을 따르고 있다. 또한 가급적이면 실제 사용되고 있는 예문들을 사용함으로써 현실감을 더하려 노력하였다. 세상 모든 일이 그렇듯이 영어 기술 글쓰기를 할 때도 반드시 이것이 옳고, 저것이 그르다는 흑백논리가 있을 수는 없다. 특정기업에서 작성되는 제품설명서와 같은 것은 그 특정조직이 가지고 있는 기준이 있다. 그와 같은 상황에서는 그 조직에서 요구하는 조건에 맞게 작성해야 한다는 것을 염두에 두어야 한다.

이 책의 구성

제1장에서는 기술 글쓰기란 무엇인지에 대한 설명을 하고 있다. 제2장은 영어 기술 글쓰기의 중요성과 전반적으로 한국인으로서 영어 기

술 글쓰기를 어떻게 받아들이고 준비해야 하는지에 대한 설명이다. 제3장은 영어 글쓰기 접근방법에 관한 내용이다. 영어를 모국어로 사용하지 않는 한국과 같은 나라에서 영어 글쓰기를 어떻게 접근해야 되는가를 설명한다. 제3장의 말미에는 일반 영어 글쓰기와 다른 영어 기술 글쓰기에 대한 효과적인 접근방법을 제시한다.

제4장에서는 영어 기술 글쓰기의 가장 핵심인 "읽을 수 있어야 한다"와 "이해할 수 있어야 한다"를 두 축으로, 글을 쓰는 사람의 입장이 아닌 글을 읽는 사람의 입장에서 글을 쓰는 방법에 대해 설명해 나간다. 제5장에서는 한국 사람들이 실제 영어 기술 글쓰기를 하면서 가장 많이 저지르고 있는 사소한 실수들을 정리했다. 이를 통해 애매한 영어 기술 글쓰기에서 보다 명확하고 효과적인 영어 기술 글쓰기로 탈바꿈시킬 수 있는 과정이 자세하게 설명되어 있다.

마지막으로 제6장에서는 아직까지 전세계적 표준으로 정해지지는 않았지만, 일반적으로 많은 사람들이 사용하는 중요 단어 표기 방법 및 축어들을 나열하였다.

〉〉 출판을 정리하며

책을 출간하며 책 한 권에 한 사람의 모든 지식과 경험을 담는다는 것이 무척 어렵다는 것을 다시 한번 깨닫게 되었다. 출판 직전까지도 많은 부분을 보강하고 싶었고 고치고 싶은 마음이 많았다. 그만큼 아쉬

움과 부족함을 느끼기 때문이다. 앞으로도 보다 많은 내용을 끊임없이 업데이트할 예정이다. 이 책을 통해서 영어 기술 글쓰기라는 영역에 거부감을 줄이고 보다 많은 우리 과학기술인들이 세계로 뻗어가는 데 바탕이 될 실력을 쌓아 나갔으면 하는 바람이다.

〉〉 감사의 글

이 책이 출판되기까지 각계의 많은 분들께서 도움을 주셨다.

영어 글쓰기 전문가로서 수차례에 걸쳐 원고를 읽고 잘못된 부분을 지적해 준 영국 워릭대학교 영어교사교육센터 정영옥 선생님에게 감사하다는 말을 전한다. 또한 바쁘신 와중에도 원고를 읽고 값진 코멘트를 주신 KBS 안문석 박사님, 공정거래위원회 송상민 박사님, 조선대학교 산업공학과 황학진 교수님, 집필 과정에서 많은 아이디어를 제공해 준 한양대 글쓰기 센터의 Adam Turner교수님께도 감사의 마음을 전한다. 마지막으로 열악한 출판계의 사정에도 불구하고 항상 좋은 책을 출간해 주시는 북코리아 이찬규 사장님과 편집담당자께도 아울러 심심한 사의를 표한다.

언제나 많은 조언과 비판을 기다리고 있다. 관심 있는 사람들의 생산적인 코멘트를 환영하며 궁금한 점이 있으면 언제든지 이메일로 연락을 부탁 드린다. uktechwriter@gmail.com

차례 CONTENTS

제1장

기술 글쓰기란

기술 글쓰기^{Technical Writing}에 관한 한 전세계적으로 가장 큰 단체로 손 꼽히는 STC^{The Society for Technical Communication}는 기술 글쓰기를 "전문가 들로부터 정보를 모아 사람들에게 명확하고 쉽게 이해할 수 있는 형 태로 보여 주는 과정"이라고 정의했다. STC가 내린 기술 글쓰기에 관 한 정의의 핵심내용은 "명확하고 쉽게 이해할 수 있는 것"이다. 그러 나 STC의 정의는 영어 기술 글쓰기를 처음 접하는 많은 한국 사람들 에게 자칫 '일반 글쓰기'와 달리 '기술 글쓰기'만이 가지고 있는 특성을 충분히 이해하는 데 어려움을 줄 수도 있다.

이 책에서는 '기술 글쓰기'를 "과학과 기술, 그리고 테크놀러지를 소 재로 작성하는 모든 글을 읽기 쉽고 명확하게 이해할 수 있는 형태로 전달하는 행위"라고 정의한다. 우리 주변에서 가장 흔히 볼 수 있는 기 술 글쓰기의 대표적인 유형으로는 제품설명서, 연구개발제안서, 과학

기술논문, 기술보고서 등이 있다. 이와 같은 영어 기술 글쓰기는 문예 창작 글쓰기나 자유롭게 쓰는 일기문과는 달리 정해진 용어와 형식들이 매우 중요하다.

참고로 이 책에서 언급되는 '기술 글쓰기'란, 한국 사람의 입장에서 영어로 작성하는 기술 글쓰기를 의미한다.

제2장

영어 기술 글쓰기의 중요성

저자의 경우 1986년 Basic이라는 컴퓨터 언어를 시작으로 포트란과 C, C++, HTML, JAVA 등의 컴퓨터 언어를 사용해 본 경험이 있다. 컴퓨터 언어는 인간과 컴퓨터를 연결하는 일종의 매개체이다. 자칫 사소해 보일지도 모르지만 컴퓨터의 명령어 철자 하나, 위치 하나가 잘못되어도 프로그램이 제대로 실행되지 않는 경우가 많이 있다. 인간의 언어 또한 마찬가지이다. 영어 기술 글쓰기는 한국인이 영어라는 언어를 매개체로 영어를 사용하는 세계인들과 소통하는 데에 그 목적이 있다.

영어 기술 글쓰기를 할 때 논리적이지 않거나 문법에 맞지 않는 영어 기술 글쓰기는 자칫 자신의 의도와 달리 상당히 다른 의미전달을 유발시킬 수 있다. 이러한 결과는 당연히 독자로 하여금 예상치 않았던 오해만을 불러일으킨다. 다시 한번 강조하자면 영어로 기술 글쓰기를 할 때는 일반 글쓰기를 할 때보다도 훨씬 더 분명한 표현의 명확성을 요구한다. 그 이유는 기술 글쓰기의 핵심은 어떤 개념이나 사물을 글로써 쉽게 표현하는 것에 있기 때문이다.

많은 원어민 기술 글쓰기 전문가들은 이러한 목표를 보다 효과적으로 달성하기 위해서는 '언어의 단순함'이 가장 중요하다고 입을 모은다. 분명하고 간결한 방식은 글의 내용을 보다 쉽게 이해할 수 있는 데 도움을 줄 뿐만 아니라 영어가 모국어가 아닌 한국 사람들이 영어로 글을 작성할 때에도 유리하다. 현실적으로 한국어 기술 글쓰기에 관한 인식도 부족한 한국 사람들이 실제 영어 기술 글쓰기를 잘 한다는 것은 무척 어려운 일이다. 그러나 그렇다고 영어 기술 글쓰기를 안 할 수도 없다.

영어 기술 글쓰기를 제대로 하지 못했을 때 발생하는 결과를 예측하는 것은 그렇게 어렵지 않다. 예를 들어 자동차에 사용될 새로운 소재로 만든 타이어를 개발했다고 가정해 보자. 이러한 신제품을 완성해서 수출을 하려고 할 때 해외의 구매자들에게 이 신제품의 기술적 가치를 충분히 설명해 줄 수 없다면 판매는 어려워진다. 또한 해외투자자들을 찾는 한국 회사들은 자사가 보유하고 있는 기술에 대해 상세히 설명할 수 있는 준비가 전제되어야 함은 두 말할 여지가 없다.

사실 이러한 기술 글쓰기는 단순히 한국 사람, 한국 기업에만 국한되지 않는다. 해외의 선진기업들조차 이러한 기술 글쓰기의 중요성을 일찍이 인식하고 이를 충분히 활용하고 있다. 저자는 영국에서 항공기 엔진을 제작하는 회사를 비롯해서 광통신 및 반도체, 네트워크, 동력기 등을 제조하는 다양한 회사들과 공동프로젝트를 수행한 경험이 있다. 당시 이 영국회사들이 자사의 기술력을 설명하는 문서에 상당한 시간과 노력을 기울이고 있는 것을 목격할 수 있었다.

제품에 대한 설명이 명확하지 않을 경우 대부분의 해외 구매자들은 당연히 설명이 더 쉽고 글의 내용이 명확한 다른 제품으로 눈을 돌리게 마련이다. 아무리 제품이 탁월하다고 하더라도 제품의 가치를 충분히 알릴 수 없다면 누구의 잘못인가? 그 제품의 가치를 잘 모르는 해외 구매자들의 잘못인가, 아니면 제대로 그 제품의 가치를 전달하지 못한 회사의 잘못인가? 실제로 저자가 2003년 영국의 한 자동차 제조업체와 프로젝트를 진행할 때 유사한 사례를 경험한 적이 있다. 그 영국 회사는 한국에 있는 다수의 자동차 부품 관련 중소업체들로부터 납품을 받고 있었다.

한국의 자동차 부품들이 중국이나 대만에 비해 가격면에서는 다소 비싼 편이었지만, 그래도 품질면에서는 그만한 가치를 하기 때문이었다. 그러나 그 품질 좋은 제품을 만들고도 제대로 설명을 하지 못해서 제값을 받지 못하거나 판매를 못하는 안타까운 현실을 저자는 여러 번 목격한 적이 있다. 영어 기술 글쓰기 능력을 신장시킬 수 있는 가장 좋은 방법은 많이 읽고 많이 써 보는 방법 외에는 없다. 그와 아울러 관련 글을 읽을 때는 의식적으로 각 상황에서 어떤 표현들이 사용되고 있는지 꼼꼼하게 살펴보아야 할 필요가 있다.

제3장

영어 기술 글쓰기 접근방법

Perelman 등이 쓴 *The Mayfield Handbook of Technical Scientific Writing*(Perelman *et al*, 1997)에서는 전형적인 기술 글쓰기 과정을 그림 3.1과 같이 6단계에 걸쳐 설명하였고, 이를 정리하면 다음과 같다.

● Starting to Write—**시작**始作: 이 과정은 글을 어떻게 써 나갈지에 대한 계획과 디자인하는 과정으로 글의 목적이나 문제제기를 어떻게 할 것인지, 그리고 글을 읽는 사람들은 누구인지를 분명히 하는 단계이다.

● Organizing—**체계화**體系化: 1단계에 이어서 그 다음 단계에서는 실제로 어떤 식으로 글을 구성할지를 결정하는 단계이다. 다양한 사진과 그림, 표 등을 어떤 방법으로 이용할지 생각하는 단계이기도 하다.

● Drafting—기안起案: 3번째 단계에서는 전체적인 글의 밑그림을 가지고 초고草稿를 만들어 가는 과정이다. 공동프로젝트 성격을 가진 기술 글쓰기는 이 과정에서 기술 글쓰기 작업에 관련된 모든 사람들의 의견이 고르게 반영되어야 할 필요가 있다.

● Revising—개정改訂: 이 단계는 단지 초고의 문법과 철자, 또는 단어를 바꾸는 과정이 아니라 오히려 초고와 다른 시각에서 다시 한번 글을 써 보는 과정이라 할 수 있다. 초고를 만들어 본 경험을 바탕으로 두 번째에는 보다 사실적 · 구체적 글을 써 나갈 수 있다.

그림 3.1
기술 글쓰기 과정
Perelman *et al,* 1997

● Editing—편집編輯: 일반적으로 기술 글쓰기의 경우 편집자가 따로 있는 경우가 많다. 편집자들은 대부분 글의 목적과 대상에 따라 단어를 선정하고, 문장과 문단을 보다 쉽게 읽을 수 있도록 도와 주는 역할을 수행한다.

● Reviewing—재검토再檢討: 보통 최종 기술문서가 나오기까지는 다수의 검토작업을 거친다. 가급적 많은 사람들에게 원고를 보내 글의 정확성과 명확성, 일관성 등에 대한 최종점검을 받는 과정을 거친다.

3.1 글쓰기 접근방법: 프로덕트 vs. 프로세스

이 장에서는 글을 실제로 쓰는 상황이 발생하기 전에 어떤 방법으로 우리 스스로 연습할 수 있는 방법을 살펴보고자 한다.

영어교육학계에서는 글쓰기 방법에 대해 일반적으로 프로덕트 product(결과중심) 접근방법과 프로세스 process(과정중심) 접근방법으로 나눈다. 간략하게 이 두 방식의 큰 차이점이라고 한다면 프로덕트 접근방법은 이미 존재하는 예문을 하나의 모델로 하여 그 방식을 그대로 모방하는 방식이다. 글쓰기 경험이 없는 사람들에게 많이 활용되는 방법이다. 프로덕트 접근방법의 두드러진 특징은 글쓰기를 실제 하는 사람과 이를 검토하는 사람 사이에는 교류가 없다는 점이다.

이에 반해 프로세스 접근방법은 특정 글의 형식을 그대로 모방하기보다는 자유롭게 여러 가지 모델들을 바탕으로 자신의 글을 만들어 나가는 과정이다. 이러한 프로세스 접근방법에서는 글을 쓰는 사람과 이

프로덕트 글쓰기	프로세스 글쓰기
• 모델 텍스트 모방 • 글의 체계적인 구조와 문법 중시 • 단 1개의 기안 • 개별적인 작업이고 검토자가 평가자 • 최종적인 글이 중요	• 모델 텍스트들을 자료로만 활용 • 형식에 얽매이지 않은 다양한 스타일을 중시 • 1개 이상의 기안 • 다양한 사람들의 활발한 의견교환이 중요 • 창조적인 과정을 중시

그림 3.2 **프로덕트 vs. 프로세스** Jong, 2006b

를 검토하는 사람, 그리고 공동으로 글을 쓰는 사람들의 의견교환을 대단히 중요하게 여긴다. 그림 3.2는 프로덕트 접근방법과 프로세스 접근방법의 차이를 보여 준다.

3.2 한국적 상황에 맞는 영어 글쓰기

한국에서는 공교육에서 체계화된 영어 글쓰기에 대한 교육이 전무하다. 일각에서는 공교육에서 영어 글쓰기 수업이 이루어지고 있다고 주장하나 본질적으로 따져 본다면 현재 교육현장에서 이루어지고 있는 영어 글쓰기 교육은 '글쓰기' 공부라기보다는 단순한 '빈 칸 채우기'와 같은 '문법'공부의 연장선에 있을 뿐이다. 한국에서 영어 글쓰기에 대한 교육이 이루어지지 않는 근본적인 이유 중 하나는 영어 글쓰기를 체계적으로 가르칠 사람이 많지 않기 때문이다. 일반 영어 글쓰기 교육조차도 잘 이루어지지 않는 상황에서 체계적인 영어 기술 글쓰기 교육은 더 말할 것이 없다.

　최근 영국 워릭대학교 영어교사교육센터의 정영옥[2006a]은 "한국인을 위한 L2 상황에 맞는 효과적인 영어 글쓰기: 프로덕트와 프로세스 접근방법의 병용"이라는 연구결과를 발표했다. 영어 글쓰기에 관해서 많은 연구가 이루어지지 않고 있는 현실에서 한국적 상황에 적합한 새로운 영어 글쓰기 과정을 제안한 것으로 눈길을 끈다. 그림 3.3은 정영옥[2006a]이 제안한 한국적 상황에 맞는 영어 글쓰기 과정이다.

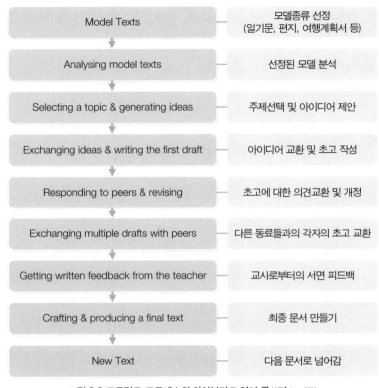

Model Texts	모델종류 선정 (일기문, 편지, 여행계획서 등)
Analysing model texts	선정된 모델 분석
Selecting a topic & generating ideas	주제선택 및 아이디어 제안
Exchanging ideas & writing the first draft	아이디어 교환 및 초고 작성
Responding to peers & revising	초고에 대한 의견교환 및 개정
Exchanging multiple drafts with peers	다른 동료들과의 각자의 초고 교환
Getting written feedback from the teacher	교사로부터의 서면 피드백
Crafting & producing a final text	최종 문서 만들기
New Text	다음 문서로 넘어감

그림 3.3 **프로덕트-프로세스의 하이브리드 영어 글쓰기** Jong, 2006a

그러나 정영옥[2006a]의 프로덕트-프로세스의 하이브리드 영어 글쓰기
접근방법들도 대부분 일반 영어 글쓰기에 국한되어 있다. 실제 기업
에서 영어 기술 글쓰기를 하는 업무는 학생들이 교실에 모여서 하는
일반 영어 글쓰기를 하는 과정과는 많이 다르다. 단순한 한영번역이
아닌 올바른 영어 기술 글쓰기를 하기 위해서는 기술적인 내용에 관

한 기본지식을 소유한 사람이 해야 한다는 것이 저자의 생각이다. 이는 기술적인 지식 없이 영어 기술 글쓰기를 한다는 것 자체가 자칫 전달하고자 하는 내용에 대한 부족이나 잘못된 이해를 유도할 수도 있기 때문이다.

3.3 효과적인 영어 기술 글쓰기 접근방법

대부분의 한국 회사들은 영어 기술 글쓰기 업무에 관한 한 아웃소싱 Outsourcing을 하고 있는 상황이다. 하지만 나날이 그 중요성을 더해 가고 있는 기술보안문제를 생각한다면 자사의 영어 기술 글쓰기 전문직원이 있어야 함은 두 말할 여지가 없다. 이 책에서는 영어 기술 글쓰기와 관련해서 외주를 하지 않고 회사 내에 영어 기술 글쓰기를 전담하고 있거나 최소한 영어 기술 글쓰기를 전문적으로 다룰 수 있는 직원이 있다는 전제하에 이에 맞는 영어 기술 글쓰기 접근방법을 새롭게 제안한다(그림 3.4 참조).

그림 3.4에서와 같이 영어 기술 글쓰기는 실제 글을 쓰는 사람과 이 프로젝트에 관련된 사람들과의 끊임없는 피드백 Feedback 과정이다. 이러한 피드백은 관련부서 및 관련담당자들, 동료, 그리고 영어 기술 글쓰기 전문가와의 끊임없는 의견교환을 통해 이루어진다. 그럼 이제 그림 3.4에 나온 한국적 상황에 맞는 효과적인 영어 기술 글쓰기에 대해 보다 자세하게 살펴보자 그림 3.5.

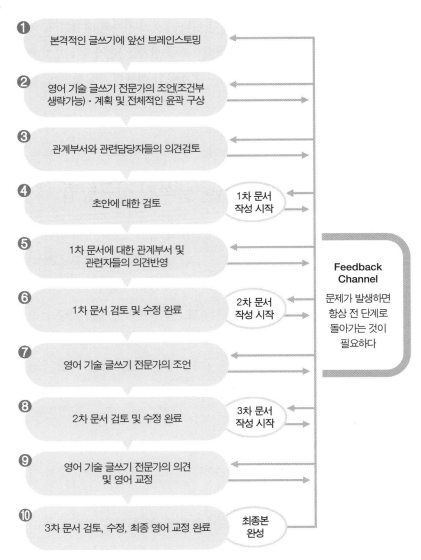

❶ 본격적인 글쓰기에 앞선 브레인스토밍

❷ 영어 기술 글쓰기 전문가의 조언(조건부 생략가능) · 계획 및 전체적인 윤곽 구상

❸ 관계부서와 관련담당자들의 의견검토

❹ 초안에 대한 검토 — 1차 문서 작성 시작

❺ 1차 문서에 대한 관계부서 및 관련자들의 의견반영

❻ 1차 문서 검토 및 수정 완료 — 2차 문서 작성 시작

❼ 영어 기술 글쓰기 전문가의 조언

❽ 2차 문서 검토 및 수정 완료 — 3차 문서 작성 시작

❾ 영어 기술 글쓰기 전문가의 의견 및 영어 교정

❿ 3차 문서 검토, 수정, 최종 영어 교정 완료 — 최종본 완성

Feedback Channel
문제가 발생하면 항상 전 단계로 돌아가는 것이 필요하다

그림 3.4 한국적 상황에 맞는 효과적인 영어 기술 글쓰기 과정

1단계	**본격적인 글쓰기에 앞선 브레인스토밍:** 영어 기술 글쓰기의 가장 기본적인 단계에서는 기본적으로 작성하고자 하는 글의 목적과 이 글이 누구를 위한 것인지에 대한 명확한 방향제시가 있어야 한다. 그 결과에 따라 어떤 정보와 자료들이 들어가야 할지의 여부를 자유롭게 의견교환하는 단계이다.
2단계	**영어 기술 글쓰기 전문가의 조언:** 브레인스토밍 단계를 마치고 나면, 영어 기술 글쓰기 전문가의 조언을 구하는 것이 좋다. 물론 영어 기술 글쓰기에 능숙한 사람이라면 이 과정을 생략할 수도 있다. 하지만 언제나 그렇듯이 다른 사람들의 조언을 경청하는 것은 절대 해가 되지 않는다.
3단계	**사전 의견검토:** 브레인스토밍에 참석할 사람들은 회사의 사정에 따라 다르다. 처음부터 관계부서 담당자들이 브레인스토밍에 참석하면 좋겠지만, 일반적으로 현실은 그렇지가 못하다. 따라서 전체적인 윤곽과 앞으로의 계획이 잡힌 후에 담당자들의 의견을 경청하는 수순을 밟는 것도 좋다.
4~5 단계	**초안검토 및 1차 글쓰기 완료:** 단계별로 수집한 자료와 정보를 기반으로 작성된 초안을 검토하는 단계이다. 글의 목적과 대상이 정해졌을 것이고, 전체적인 그림이 그려졌을 것이다. 큰 그림에 살을 붙여 나가며 부분별로 필요한 보다 자세한 정보를 보충해서 1차 글쓰기를 시작한다.
6~7 단계	**1차 문서에 대한 피드백 및 2차 문서 작성:** 1차 문서가 완성되면 관련된 담당자들에게 보내어 서면 피드백을 받는다. 관련 담당자들에게 지속적인 프로젝트 진행상황과 관련문서를 보내주는 이유는 이들이 기술문서에서 언급되는 특정 부분에 있어서는 가장 전문가이기 때문이다.
8단계	**영어 기술 글쓰기 전문가의 조언:** 두 번째 개정작업을 진행할 때 중요한 것은 바로 전문가의 조언이다. 만일 2단계에서 전문가의 도움을 받지 않았을 경우 이번 단계에서는 반드시 이 과정을 거치는 것이 좋다. 참고로 전문가에게 조언을 구할 때는 반드시 비밀보장 계약서를 작성해야 한다.
9단계	**2차 문서 검토 및 수정, 3차 문서 작성 시작:** 8단계에서 영어 기술 글쓰기 전문가로부터 지적 받은 내용을 참조하여 2차 문서를 완성한다. 대부분의 경우 2차 문서가 완성되어 검토단계에 들어갈 때 쯤이면 거의 최종본에 가까운 모양이 나온다. 이제 3차 문서를 시작할 때이다.
10~11 단계	**영어 기술 글쓰기 전문가를 통해 2차 문서 재검토 및 영어 교정 의뢰:** 3차 문서 완성에 앞서 신중한 수정작업을 마친다. 3차 문서가 완성되면 최종적으로 이번 프로젝트와 연관된 모든 사람들에게 글을 보내어 최종의견을 경청한 후 최종본을 완성한다.

그림 3.5 **한국인을 위한 효과적인 영어 기술 글쓰기 단계별 상세 설명**

이 장의 마지막으로 컴퓨터 프로그래밍을 해 본 사람들이라면 흔히 겪는 일이 있다. 열심히 프로그래밍을 하고 난 뒤 프로그램을 돌려 보면 어디서인가 꼭 오류가 발생한다. 문제는 발생한 오류의 원인을 찾아내려고 기나긴 시간을 할애했지만 잘 안 될 때이다. 거의 포기단계에 이르렀을 때 동료가 그 오류의 원인을 너무도 쉽게 찾아내는 것을 보고 의아해 본 경험이 있을 것이다.

또한 보고서 제출시에 사소한 철자의 오류가 문제시되는 경우도 있다. 각별히 신경을 써서 제출해야 할 보고서가 있었고, 나름대로 최선을 다해 보고서를 작성하여 제출하였지만 어이없는 철자법 오류를 지적당했다. 며칠을 애써 준비한 보고서가 사소한 실수로 인해 전체적인 이미지에 타격을 입었다. 특히 영어 기술 글쓰기를 하다 보면 이런 일들이 빈번히 발생한다. 작성자의 눈에는 잘 들어오지 않지만 다른 사람의 눈에는 신기하게 잘 보이는 오류들이 꼭 있다.

따라서 이러한 일들을 미연에 방지하기 위해서는 최종본을 제출하기 전에 관련 지식을 소유한 다른 사람으로부터 점검을 받는 것이 좋다.

Effective Technical Writing

제4장   영어 기술 글쓰기의
2대 핵심요소

영어로 작성된 기술적인 글의 성공 여부는, "읽을 수 있어야 한다"와
"이해할 수 있어야 한다"는 두 가지 핵심요소에 달려있다. 이 두 가지
핵심요소가 충족되지 않는 글은 글을 읽는 사람들에게 오히려 예상치
못한 혼란만을 야기할 수 있다. 그림 4.1에서와 같이 이 두 가지는 반
드시 균형을 이루어야 하는데, 그렇지 못한 글을 읽은 독자들은 글을
읽고 난 후에도 무엇인가 풀리지 않은 의문을 가진다. 우리가 반드시

그림 4.1
영어 기술 글쓰기의
2대 핵심요소

명심해야 할 것은 이 두 가지 요소의 조화로운 균형이다.

4.1 읽을 수 있어야 한다

글을 "읽을 수 있어야 한다"는 개념은 단순히 물리적으로 눈을 통해 글을 본다거나 단어 하나하나를 번역하는 것을 의미하지 않는다. 그 근본적인 개념은 작성된 기술 문서를 다른 사람들도 쉽게 읽어 나갈 수 있어야 한다는 것을 의미한다. 기술 글쓰기는 누구도 읽을 수 없는 암호문을 작성하는 것이 아니다. 그렇다면 이 장에서는 보다 구체적으로 다른 사람들도 쉽게 읽어 나갈 수 있는 영어 기술 글쓰기는 어떻게 해야 하는지 살펴보자.

다른 사람들도 쉽게 읽을 수 있는 기술 글쓰기를 하기 위해서는 특정 단어나 연결어, 표현, 단어의 선택과 반복 등을 적절하게 섞어서 사용하는 것이 매우 중요하다. 이는 글을 읽는 사람의 교육수준과 전문지식이 다양하기 때문이다. 예를 들어 연구개발 제안서를 읽는 사람이 공학적 지식이 많지 않은 회사의 재무담당 이사일 수도 있고, 마케팅 이사일 수도 있다. 또한 MP3 플레이어의 사용설명서일 경우 열 살짜리 어린이일 수도 있고, 70세가 넘은 노인일 수도 있다.

그러므로 특수한 목적과 경우를 제외한 대부분의 영어 기술 문서는 독자들의 입장에서 쉽게 읽고 이해할 수 있도록 작성되어야 한다. 이를 위해서 전체적인 글의 구성은 논리적이고 문법에 맞아야 한다. 문장의 길이가 너무 길어서 내용의 이해에 부담을 주거나 지나치게 짧아서 이해에 부족함을 초래하는 상황을 피해야 한다. 반복되는 같은 단어를 사용하게 될 경우에는 가급적 다양한 유의어를 사용해서 같은 단어와 문장의 반복은 최소화한다.

1. 논리적이고 문법에 맞는 문장

콜린스『영영사전』에서 '문장'의 정의를 찾아보면, "A sentence is a group of words which, when they are written down, begin with a capital letter and end with a full stop, question mark, or exclamation mark. Most sentences contain a subject and a verb."라고 명시되어 있다. 영영사전에 나온 정의에 의하면 "문장이란 대문자로 시작해서 마침표나 물음표, 느낌표 등으로 끝나는 단어들의 모음이다. 대부분의 문장에는 주어와 동사가 있다"라고 할 수 있다.

한편 민중서림에서 출판한『엣센스 국어사전』에서 '문장'의 정의를 살펴보면, "문장이란, 한 줄거리의 생각이나 느낌을 글자로 기록해 나타낸 것"이라고 나오며 영영 사전에서와는 달리 '문장'이란 어떤 의미가 있어야 한다. 사전적인 의미만을 따져 본다면 단순히 주어와 동사라는 기본적인 구성이 있다 하더라도 그 안에 작성자의 아무런 생각이나 느낌이 결여된 문장은 문장이 아니라는 의미이다.

좋은 문장으로 이루어진 기술 문서는 글의 목적에 맞춰 작성자의 목적과 의도를 이해하기 쉽도록 작성된 글이다. 이와 같은 글들은 전체적으로 글의 흐름이 매끄럽고, 문법에 충실하게 마련이다. 한국 사람들이 논리적이고 문법에도 맞는 영어 기술 글쓰기를 하기 위해서는 다음와 같은 3가지에 특히 주의해야 한다.

- 동사 없는 문장은 없다.
- 문장형성에는 지켜야 할 규칙이 있다.
- 영어와 한국어 구두법에는 차이가 있다.

(1) 동사의 생략

> 예 4.1_ This section some common Microsoft error messages.

문법적으로 동사는 행위자의 동작이나 상황변화 등을 나타내는 품사를 말한다. 그런데 위에 제시된 예문을 자세히 살펴보면, 문장을 구성하는 가장 기본적인 요소라 할 수 있는 동사가 없다. 한국어 구어체에서는 동사가 간혹 생략되는 경우들이 있다. 예를 들면, "사장님은 어디 가셨습니까?"를 간단히 "사장님은?"이라고 표현하기도 한다. 그러나 영어 기술 글쓰기에서는 지극히 예외적인 경우를 제외하고는 동사를 생략하지 않는다.

표 4.1 **문장의 5형식**

형식	주어(S), 동사(V), 목적어(O), 보어(C), 부사적 역할(A)
1형식	SV
2형식	SVC
3형식	SVO
4형식	SVOO
5형식	SVOC

문장은 표 4.1에서와 같이 5가지 종류로 구성된다. 자신이 만든 영어 문장이 어딘가 불안하다고 생각되면 여러 번 크게 읽어본다. 만일 그래도 그 불안감이 없어지지 않는다면 그 문장이 몇 형식 문장인지 분석해 볼 필요가 있다. 일반적으로 이와 같은 실수는 외국어 학습자로서 한국 사람이 한국식으로 영어를 옮기는 과정이나 문장이 지나치게 길어질 때, 또는 복잡해질 때 발생한다.

(2) 어순

어순語順은 글이나 말에서 주어, 동사, 목적어 등 품사들의 위치관계를 의미하며 아래 제시된 예문에서 볼 수 있듯이 동사가 있어야 할 자리가 아닌 문장의 끝에 있으므로 해서 이 문장 자체가 어딘가 어색한 문장이 되어 버린 경우이다. 또한 우리가 잘 알다시피 영어와 한국어 어순은 분명 다르다. 그럼에도 불구하고 영어 글쓰기에 익숙하지 않은 한국 사람들이 간혹 한국어의 어순을 그대로 영어에 적용시키는 실수를 저지르기도 한다.

만일 한국어 단어 하나하나를 한국어 어순대로 그대로 영어로 옮길 수
있다면, 그 문장은 분명 어딘가 잘못된 문장일 가능성이 높다. 이러한
문제에 대한 해결책은 영어 원어민이 쓴 원서를 많이 읽을 필요가 있
으며 자신의 글을 반복해서 읽는 과정을 통해 실수를 줄여야 한다. 저
자도 체험한 것이지만 의외로 자신이 쓴 글이라도 시간과 장소가 바뀌
면 처음에 미처 깨닫지 못했던 실수들이 눈에 띄는 경우가 많이 있다.

(3) 구두법

구두법句讀法은 단어구절을 점이나 부호 등으로 표시하는 법을 말한다.
콤마(,), 마침표(.), 콜론(:), 세미콜론(;) 등과 같은 구두법을 사용함에
있어 잘 사용하면 문장이 훨씬 세련되어 보이지만 자칫 잘못 사용하
면 문장의 의미가 불분명해진다. 예문 4.3에서와 같이 콤마와 같은
구두점은 가급적 그 사용을 최소화할 필요가 있다.

한국어를 영어로 옮기는 과정에서 어떤 사람들은 콤마를 찍어야 한다고 생각하는 위치에 모두 콤마를 찍음으로써 구두점을 남용하는 경우가 있다. 그러나 반드시 그렇게 해야 할 필요는 없다. 예를 들면 예문 4.3에서 varies와 depending 사이에는 콤마가 없어도 된다. 이러한 규칙은 다른 구두법에도 적용된다. 주의해야 할 것은 한국어 구두법과 영어 구두법의 차이를 분명히 인식해야 한다는 것이다.

많은 사람들이 구두법의 사용을 잘 알고 있다고 생각하면서도 실제로 이를 사용할 경우 자주 실수를 저지르는 경향이 있다. 표 4.2는 영어로 글쓰기를 할 때 유용한 구두법을 정리한 것이다.

표 4.2 영어 구두법

모양	이름	용도	예
ABC	대문자 (Capital Letters)	문장을 시작하기 위해서	We need new computers for use in our IT Center.
		이름을 위해서	Korea and England
		주격 'I'	Looks like I have to test my car again.
.	마침표 (Full Stop)	문장을 끝내기 위해서	Please do not use this computer.
?	물음표 (Question Mark)	질문이나 의문을 나타내기 위해서	What is a GSM SIM card emulator?
!	느낌표 (Exclamation Mark)	분노, 흥분한 상태, 놀람, 충격, 경고 등을 나타내가 위해서(기술 글쓰기에서는 특수한 경우를 제외하고는 잘 사용하지 않음)	WARNING! Operation of the inverter without a proper ground connection may result in an electrical safety hazard.(전기 관련 제품의 전형적인 안전문구)

모양	이름	용도	예
,	콤마 (Comma)	목록에 있는 어떤 것들을 분리하기 위해서(그러나 'and' 전에 사용)	To complement the website, I developed a social network campaign based on YouTube, MySpace, Flickr, Cyworld, and so on.
		정보를 보충하기 위해서	"Tim O'Reilly attempts to clarify just what is meant by Web 2.0, the term first coined at a conference brainstorming session between O'Reilly Media and MediaLive International, which also spawned the Web 2.0 Conference." (O'Reilly, 2005)
:	콜론 (Colon)	목록을 시작하기 위해서	The responses are the ones you would expect: Google, YouTube and Yahoo.
		설명을 보충하기 위해서	Today she asks the question differently: What are the most popular web sites in the world?
;	세미콜론 (Semi-colon)	나열된 구(Phrase)들을 분리하기 위해서	The 2007 UK Tech Writing conference is a wrap. Save the dates for next year; July 7-10 at the Savoy Hotel in London.
" " ' '	따옴표 (Double/ Single Quotation)	일반적으로는 직접 인용을 할 때 많이 사용하나, 기술 글쓰기에서는 특정 단어나 구를 다른 특별한 의미로 사용하기 위해서 또는 독자들의 주의를 끌기 위해서	My USB memory stick is 100% compatible to USB 1.0 and USB 2.0 and do not need any extra software utility. It is just "Plug and Play", easy and reliable.

모양	이름	용도	예
,	어포스트로피 (Apostrophe)	글자를 생략하기 위해서	"It's no accident that services such as Gmail, Google Maps, Flickr, del.icio.us, and the like may be expected to bear a "Beta" logo for years at a time." (Bradford, 2005)
		소유격을 나타내기 위해서	I tried to watch movies on my brother's computer.
- ( )	대시(Dash) 와 괄호 (Brackets)	추가적인 정보를 주기 위해서	The AC output ground wire should go to the grounding pint for your loads (for example, a distribution panel ground bus).
/	슬래시 (Slash)	주로 공간적 제약 때문에 'or'나 'and'를 대신 나타내기 위해서. 기술 글쓰기에서 슬래시를 쓰게 되면 'or'인지 'and'인지 혼란스러울 수 있으므로 가급적 'or' 또는 'and'로 사용하는 것이 좋음	Connect the cable directly behind Cable/DSL modem.

2. 문장의 길이

(1) 지나치게 긴 문장

한글로 글을 쓸 때도 마찬가지이지만, 영어로 글을 쓰다 보면 자신도 모르게 글이 생각보다 길어지는 경우가 있다. 어떤 개념을 설명하고자 할 때보다 자세하게 설명하기 위해서 관계대명사와 부사절의 사용이 의외로 길게 4~5줄이 훌쩍 넘는 문장이 되어 버리는 경우가 빈번히 발생한다. 예문 4.4를 살펴보자.

> **예 4.4** For most cases, the resolution is to reinstall or update the driver or use Device Manager, that lets you see what is connected to your system and what resources it is using, to remove the device and then run the Add New Hardware tool in Control Panel which you can access through My Computer or the Setting option on the Start menu. (Adopted and modified from HelpWith-Windows, 1999)

이 예문 4.4에 의하면 관계대명사의 사용과 함께 그 뒤에도 계속 복잡한 설명이 이어진다. 인간의 순간 기억용량은 한정되어 있기 때문에 문장이 지나치게 길어지게 되면 그 내용 자체를 이해하는 것이 쉽지 않다. 전화번호가 5~7개의 자릿수를 사용하는 것도 이러한 사실과 무관하지 않다. 지나치게 긴 문장은 그 문장을 읽는 사람을 혼란스럽고 피곤하게 만들 뿐이라는 것을 기억해야 한다.

(2) 너무 짧은 문장

한글과 마찬가지로 영어 문장이 짧으면 읽기가 편하지만 너무 짧을 경우 중간에 자주 끊어지는 느낌을 준다. 지나치게 짧은 영어 문장은 글을 읽는 사람으로 하여금 자주 끊어 읽어야 하므로 본의 아니게 숨이 차게 되고 글이 너무 조잡해 보일 수도 있다. 예문 4.5를 살펴보자.

> **예 4.5_** Click Start. Point to Settings. Click Control Panel. Double-click System. Click the Device Manager tab.

이 예문 4.5를 읽어 보면 너무 끊어지는 느낌이 있다. 불필요하게 짧은 문장을 만들기보다는 문장이 자연스럽게 연결될 수 있도록 적절한 연결어를 사용해서 문장을 만들 필요가 있다. 지나치게 긴 문장과 반대로 너무 짧은 문장도 문제점을 가지고 있으므로 글을 읽는 사람의 입장에서 문장의 길이를 조절한다. 일반적으로 영어로 글을 쓸 때 한 문장에 들어가는 단어는 보통 10~15개 정도로 한다.

3. 단어의 선택

⑴ 대명사 'It'의 사용

영어 기술 글쓰기를 하다 보면 대명사 'It'을 자주 사용하게 된다. 영어에서 'It'은 크게 다음과 같은 세 가지 용법으로 주로 사용된다.

- 이미 나온 사물을 가리키는 기본적인 용법
- 날씨/시간/거리 따위를 가리키는 비 인칭 주어로서의 용법
- 형식주어/목적어로서 뒤에 오는 사실상의 주어/목적어를 대표하는 용법

대명사 'It'은 표 4.3에서와 같이 'You'를 제외한 다른 인칭대명사들과 달리 주격과 목적격의 형태가 같다.

표 4.3 인칭대명사

주격	목적격
I	Me
You	You
He	Him
She	Her
It	It
We	Us
They	Them

영어 기술 글쓰기 특성상 자주 사용하는 'It'은 주격과 목적격의 모양이 같은데다가 글쓰기 도중 이를 반복해서 사용하게 되면, 글을 읽는 사람들은 실제 그 'It'이 무엇을 지칭하고 있는지 혼란스럽게 된다. 예문 4.6을 통해 무엇이 문제인지 살펴보자.

> 예 4.6_ **Maybe** it **is a** system error but it **seems that when** it **happens** it **creates a lot of energy, so** it **would be convenient if people knew how to control** it.

영어 원어민들에게 이러한 'It'의 반복적인 사용은 자칫 글을 읽는 사람들에게 글을 쓴 작성자가 무척 게으르며, 자신의 생각을 구체적으로 나타내고 싶지 않다라는 인상까지 심어 줄 수도 있으므로 각별히 주의해야 한다. 따라서 예문 4.6에서 'It'을 반복해서 사용하기보다는 본래의 주어와 목적어를 적절하게 사용해 주는 것이 문장을 이해하는

데 훨씬 도움이 된다.

(2) 단어의 선택과 활용

영어에서 단어란 언어의 형태에 있어서 말이나 글에서 자립해서 쓸
수 있는 최소단위를 말한다. 적절한 단어의 선택과 활용은 영어 기술
글쓰기에서 특히 중요한 문제이다. 영어 기술 글쓰기를 하는 사람은
반드시 독자들에게 쉽게 다가갈 수 있는 단어를 선택해야 한다. 예문
4.7을 살펴보자.

예 4.7_　**To import to your computer from an audio CD:**
STEP 1) Insert a CD into your computer.
STEP 2) Deselect songs you do not want to
transfer, then click Import.
STEP 3) Repeat for any other CDs with songs
you would like to import.

예문 4.7은 MP3 플레이어를 이용해 CD에 있는 노래를 MP3 플레
이어로 불러 오는 과정을 설명한 것이다. MP3 플레이어는 초등학생
부터 60세 노인까지도 사용하는 물건으로 제품 설명서를 읽는 사람의
입장에서 그들이 받아들일 수 있는 단어를 사용해야 한다. 결국 사용
자의 입장에서 이들의 제한적 지식과 경험을 배려해야 하고 읽기 쉽게
써야 한다는 것이다.

(3) 단어의 변화: 유의어 사용

지금까지 영어 기술 글쓰기에 있어서 "읽을 수 있어야 한다"라는 내용에 초점을 맞추어 이를 위해 고려해야 할 부분들을 정리했다. 보통 사람들은 기술적인 글이 무척 딱딱할 것이라는 선입견을 가지고 있다. 그러나 몇 년 전 국내에 있는 살충제 제조업체가 자사 홈페이지에 올라온 고객들의 질문에 친절하고 재미있게 답변을 해 줘서 많은 사람들 사이에 화제가 된 경우에서와 같이 반드시 그렇지만은 않다. 아무리 기술적인 글이라 할지라도 일부러 단조롭고 재미없게 쓸 필요가 없다는 것이다.

그 회사는 어렵고 복잡할 수도 있는 해충에 관련된 지식을 재미있고 쉬운 방법으로 일반인들에게 알려 주었다. 일반 사람들에게는 이러한 일들이 신선했고 언론의 주목을 받게 되어 그 유명세 덕분인지 이제는 국내 해충 박멸 분야 1위 업체가 된 경우는 시사하는 바가 크다.

영어 기술 글쓰기를 할 때 실제 전달해야 할 내용보다 '재미'에만 중점을 두라는 이야기가 아니다. 아무리 기술적인 글이라 할지라도 일부러 재미없게 쓸 필요는 없다는 것이다. 많은 영어 기술 글쓰기 전문가들은 글을 쓸 때 글의 단조로움을 피하기 위해 다양한 유의어의 사용을 권한다. 다양한 유의어를 사용하면 적어도 전체적인 글의 흐름에 의외의 재미와 흥미를 유발할 수도 있기 때문이다. 따라서 어떤 문학적인 의도에서나 고의적으로 반복이 아니라면, 똑같은 단어나 문구를 반복사용하는 것은 가급적 자제하는 것이 좋다.

4.2 이해할 수 있어야 한다

영어 기술 글쓰기에는 글의 목적에 따라 일정한 형식이 있고, 기술 관련글을 읽는 사람들은 당연히 일정한 형식을 기대한다. 이는 글을 쓰는 사람과 글을 읽는 사람 모두가 작성된 글에 대해 보다 쉽게 이해할 수 있게 만드는 중요한 수단이기도 하다. 영어 기술 글쓰기를 하는 사람들은 이러한 논리적인 글의 구조를 충분히 이해하고 이에 맞춰서 글을 써 나가야 한다. 4.2에서는 영어 기술 글쓰기의 두 번째 핵심요소인 글을 "이해할 수 있어야 한다"는 내용에 대해 알아본다.

우리가 어떤 글을 읽어 나간다는 것은 단어와 단어 사이의 상관관계를 짝지어 나가는 과정이라고 할 수 있다. 단어와 단어가 모여서 문장이 되고, 문장이 모여 단락이 되고, 단락이 모여 한 편의 글이 완성된다. 문장 속에 있는 단어와 단어 사이에는 우리가 지켜야 할 문법이라는 것이 있고, 우리는 이러한 단어들의 유기적 관계를 통해 문장을 이해하게 되는 것이다. 같은 범주에서 몇 개의 문장이 모여 이룬 문단들 역시 그 사이에는 글 속의 다른 문단들과 논리적인 관련성을 가지고 있어야만 한다.

글의 '논리성'은 우리가 작성한 기술적인 글을 이해할 수 있도록 돕는 가장 중요한 뼈대이다. 각 단락은 전체적인 글 속에서 서로 유기적 관계를 가지고 있고, 독자들은 이와 같은 각각의 관계를 파악해 나가는 과정을 통해서 글의 전체적인 내용을 이해할 수 있기 때문이다. 이와 반대로 글의 전체적인 구성이 논리적이지 못하고 글의 흐름이 매끄

	학문적 영어 기술 글쓰기 (예: 과학기술 논문)	산업체 영어 기술 글쓰기 (예: MP3P 제품 설명서)

서론 부분
Introduction
	• 서론 부분에는 다음과 같은 내용이 들어간다
	  - 넓은 범위의 문제제기 및 중요성
	  - 이 연구가 주목하는 특정 문제
	  - 이 문제와 다른 연구와의 관계 또는 기존 연구와의 차별화
	  - 글의 구성
		• 제품 설명서의 도입부분에는 다음와 같은 내용이 들어간다.
		  - 제품 소개
		  - 사용 설명서
		    (목적, 간략한 제품의 작동원리, 협약, 용어목록)

본론 부분
Body
	• 글의 몸통을 차지하는 본론 부분에서는 다음과 같은 구성요소들이 필요하다.
	  - 문헌고찰
	  - 연구방법
	  - 결과
	  - 분석 및 토의
		• 제품 설명서의 본론 부분에는 다음과 같은 내용이 들어간다.
		  - 소프트웨어 설치과정
		  - 소프트웨어 사용방법
		  - 제품 관리자 설명

결론 부분
Conclusion
	• 글의 마무리는 다음과 같이 정리한다.
	  - 토의에 대한 요약
	  - 연구목적에 결론
	  - 권고사항
		• 제품 설명서의 마지막은 대부분 다음과 같은 내용이 들어간다.
		  - 에러 발생시 문제해결 방법
		  - A/S
		  - 부록

그림 4.2 **영어 기술 글쓰기의 논리적인 글의 전개방식**

럽지 않다면, 독자들은 글을 쓴 작성자의 의도를 이해하기 힘들어 하며 혼란에 빠지게 된다.

쉽게 이해할 수 있는 글은 항상 논리적인 구조를 따른다고 한다. 어떠한 형태의 영어 기술 글쓰기라 할지라도 크게 보면 전체적인 글의 구성이 대부분 그림 4.2와 같이 서론-본론-결론의 순서에 따라 글을 전개해 나가는 것을 알 수 있다. 해외 저널(학술지)에 게재하고자 하는 학술적인 논문이나 일반 기업체의 제품 설명서도 모두 마찬가지이다. 따라서 영어 기술 글쓰기에 앞서 글을 구성할 때 이와 같은 3단계 구성 원리에 충실하여 각각의 부분에 무엇이 어떻게 들어가야 할지를 명확하게 구분해서 써야 한다.

그림 4.2에서와 같이 학문적인 과학기술 논문과 일반 기업에서 제작하게 되는 제품 설명서 안에 들어가는 내용이 서로 다를 수가 있다. 그러나 전체적인 글의 전개과정을 보면 둘이 모두 서론 – 본론 – 결론의 3단계 과정을 거치면서 글이 완성된다. 영어 기술 글쓰기는 일반적으로 새롭거나 기존의 것보다 발전된 개념이나 아이템을 설명하는 과정이므로 글을 시작하기 전에 도입부에서 그러한 개념이나 아이템에 관한 설명이 먼저 언급되어야 한다. 그리고 이는 전체 문서뿐만 아니라 각각의 소단원에도 적용된다.

그렇다면 그림 4.2에 언급된 MP3 플레이어 제품 중 전세계적으로 새로운 신조어를 만들었을 만큼 막대한 판매기록을 세운 애플의 아이포드iPod 2006년도 제품 설명서를 예로 들어보자.

그림 4.3
애플 아이포드(iPod)와 사용
설명서 Apple, 2006

아이포드 제품 설명서는 총 8개의 장﹡으로 이루어져 있고, 제8장에
이어 마지막으로 찾아보기가 첨부되어 있다. 이 제품 설명서의 구성내
용은 제1장에서 아이포드의 전반적인 구성과 작동원리, 메뉴, 배터리
에 대해서 일목요연하게 설명하고 있다. 제2장부터는 음악기능, 비디
오기능, 사진기능, 그 밖의 기능과 액세서리에 관해 각각 설명하고 있
다. 결론 부분인 제6장, 제7장, 제8장은 문제해결을 위한 방안, 안전성
과 제품의 올바른 관리법 그리고 A/S에 관한 내용을 담고 있다.

1. 서론부분

일반적으로 제품 설명서의 서론 부분은 제품의 소개, 설명서의 목적,
간략한 제품의 작동원리, 협약, 용어목록 등으로 이루어져 있다. 애플

의 2006년도 아이포드 제품 설명서의 경우에는 서론 부분에 해당하는 제1장에 다음과 같은 내용이 들어있다.

- 아이포드 기본
- 한 눈에 보는 아이포드
- 아이포드 작동하기
- 아이포드 작동기능 정지하기
- 아이포드 메뉴 사용하기
- 아이포드 연결하기와 연결 끊기
- 아이포드 배터리

그림 4.4 아이포드 제품 설명서의 서론부분

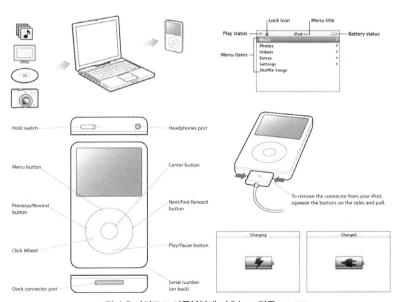

그림 4.5 아이포드 서론부분에 나오는 그림들 Apple, 2006

이와 같이 애플은 아이포드를 처음 구매한 사람이 본격적으로 구입한 기기를 사용하기에 앞서 이를 올바르게 사용할 수 있는 기본적 지식을 그림과 함께 쉽게 설명하고 있음을 볼 수 있다(그림 4.5 참조).

2. 본론부분

일반적으로 제품 설명서의 본론부분에는 실제 사용하게 될 기기를 컴퓨터와 연동시킬 때 필요한 소프트웨어 설치과정과 사용방법, 그리고 관리자로서 기기를 관리하는 방법이 되어 있다. 그 첫 단계로 소프트웨어서 설치하기 위한 시스템 요구사항 및 설치과정을 단계별로 설명하는데 소프트웨어 설치과정에서는 사용자의 이해도에 따라 기본과정과 고급과정으로 나누어 설명을 한다. 또한 소프트웨어 설치가 끝나면 관리자 기능에서 어떠한 기기의 조작이 가능한지를 기술한다.

아이포드의 경우 '아이튠스iTunes'라는, 애플에서 자체 개발한 소프트웨어를 사용하고 있다. 따라서 이들의 제품 설명서 제2장에서는 먼저 이 '아이튠스' 소프트웨어에 관해 간략하게 설명하고 있다. '아이튠스'에 대한 소개가 끝나면 다음 단계에서 이 소프트웨어를 이용해서 어떻게 음악을 컴퓨터에서 가져 오고 음악을 들을 수 있는지에 대한 과정을 그림과 함께 설명한다(그림 4.6 참조). 제2장에서는 소리와 관련된 오디오기능(음악, 포드캐스팅, 오디오북, FM라디오) 사용법이 주를 이룬다.

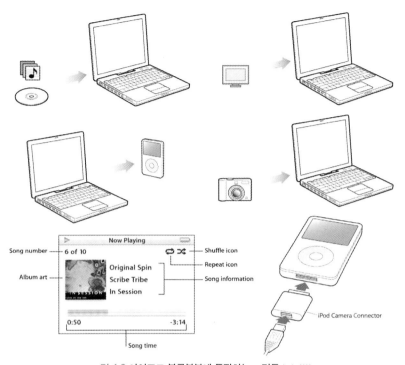

그림 4.6 아이포드 본론부분에 등장하는 그림들 Apple, 2006

한편 제3장, 제4장, 제5장, 제6장에서는 각각 아이포드의 비디오기
능, 사진기능, 그 밖의 기능과 액세서리 등에 대한 설명이 이어지며 다
양한 기능을 한 눈에 알아볼 수 있게 기술하고 있다. 자세한 내용은 그
림 4.7과 같다.

- 비디오기능
  - 비디오 포드캐스팅 구입하고 다운로드하기
  - 자체제작 비디오를 아이포드로 보내기
  - 아이포드에서 비디오 불러오기
  - 아이포드에서 비디오 보고듣기
- 사진기능
  - 사진 불러오기
  - 사진 보기
- 그 밖의 기능 및 액세서리
  - ✓ 아이포드를 외부저장장치로 사용하기
  - ✓ 날짜 및 시간 지정하기
  - ✓ 다른 시간대 설정하기
  - ✓ 알람 설정하기
  - ✓ 취침예약기능 설정하기
  - ✓ 스톱워치기능 사용하기
  - ✓ 게임기능
  - ✓ 아이포드 스크린 잠그기
  - 주소록, 달력, 해야 할 일 리스트 등 동기화하기
  - 노트 저장하기와 읽기
  - 음성메모 녹음하기
  - 그 밖의 아이포드기능 배우기

그림 4.7 아이포드 제품 설명서의 본론부분

3. 결론부분

성공적인 영어 기술 글쓰기를 위해서는 서론부분과 본론부분의 각 단
계를 다시 간략하게 반복 · 정리해 주는 것이 필요하다 이 같은 과정

은 글을 읽는 사람으로 하여금 자신이 읽었던 주요 내용을 다시 한번 점검하게 되므로 전체적인 내용을 확인하는 데 훨씬 효과적이다. 인간의 심리는 기계나 컴퓨터와 달라서 어떤 정보를 입력받고 실제 행동으로 옮기기까지 반복적인 과정이 필요하다. 제품 설명서도 마찬가지이다. 아무리 잘 만든 제품 설명서라 하더라도 모든 사용자가 단번에 그 전체 내용을 이해하기란 쉽지 않다.

이를 위해 애플에서 제작·배포한 아이포드 제품 설명서는 실제 아이포드를 사용할 때 유용한 조언과 문제해결 방법, 제안, 안전한 사용법과 기타 A/S에 관련된 내용을 결론부분에 담고 있다. 아이포드 제품 설명서 말미에 나오는 찾아보기는 사용자가 기기에 대한 궁금증을 바로 찾아볼 수 있도록 목록을 제시함으로써 도움을 주고 있다. 아이포드 제품 설명서의 결론부분에 나온 내용을 그림 4.8에서 살펴보자.

- 조언과 문제해결
  - 다시 설정하기, 다시 해 보기, 다시 시작하기, 다시 설치하기, 이전 상태로 되돌기리
  - 일반적인 제안
  - 최신화하기와 아이포드 소프트웨어 이전 상태로 되돌리기
- 안전과 청소
  - 안전성과 관련된 중요한 정보
  - 취급시 주의사항
- 서비스와 고객지원에 대해 더 알아보기
- 사용자와의 협약
- 찾아보기

그림 4.8 아이포드 제품 설명서의 결론부분

애플의 아이포드 제품 설명서의 끝 부분에는 본론부분에서 설명한 기기의 작동에 대한 점검사항을 기술하고 있다. 그 내용은 제품 설명서의 지시에 따라 했지만 아이포드가 작동하지 않을 경우에 대비해서 여러 가지 문제해결방법을 제시하고 있으며, 최신 소프트웨어를 다운 받을 수 있는 웹사이트를 알려 준다. 더불어 기기의 올바른 사용과 관리에 대한 설명을 함과 동시에 제품에 하자가 발생했을 때 도움을 받을 수 있는 고객지원센터의 연락처를 남겨 두었다.

지금까지 효과적인 영어 기술 글쓰기를 위해서는 "이해할 수 있어야 한다"라는 내용으로 이 장에서 설명하였다. 이상의 내용을 간략하게 정리하면, 영어 기술 글쓰기를 할 경우 독자들로 하여금 그 글을 제대로 이해하도록 하기 위해서 무엇보다도 글의 논리성을 중시해야 한다. 논리성을 배제하면 독자들은 혼란에 빠질 수밖에 없다. 그리고 이와 같은 행동은 결과적으로 우리가 영어 기술 글쓰기를 하는 가장 기본적인 목적에 위배되는 일이다.

Effective Technical Writing

제5장 애매한 영어 기술 글쓰기에서 명확한 영어 기술 글쓰기로

이 장에서는 실제 영어 기술 글쓰기를 하는 사람들이 접하게 될 애매한 부분을 확실하게 바로잡아 보다 명확한 영어 기술 글쓰기를 할 수 있는 방법에 대해 살펴본다. 분명한 영어 기술 글쓰기를 하기 위해서는 아주 사소해 보이고, 당연해 보이는 규칙일수록 반드시 지켜야 한다. 다시 말해 '해야 할 것들'을 하고 '해서는 안 될 것들'은 하지 말아야 한다는 것이다. 너무도 당연하게 들릴 수도 있겠지만 이러한 기본을 잘 지키는 것이 정확한 영어 기술 글쓰기의 시작이다.

5.1 시제는 어떻게

글의 유형에 따라 시제는 다양하게 사용될 수 있다. 일반적으로 마무리가 된 연구개발 보고서는 결과를 보고 하는 것이므로 과거형을 주로 사용하는 경향이 있다. 과학기술 논문이나 학위논문 등의 경우는 저자에 따라 과거형과 현재형을 함께 사용한다. 그러나 제품 설명서와 같은 문서는 과거에 있었던 것에 대한 내용이 아니라 현재 사용하는 기술에 대한 설명이므로 현재형이나 현재완료형을 주로 사용한다. 영어 기술 글쓰기에서 미래형도 경우에 따라 사용되기는 하나 그 범위는 제한되어 있다.

TECHNICAL REPORT SERIES

User needs in ICT Research for Independent Living, with a Focus on Health Aspects (*Executive Summary*)

EUROPEAN COMMISSION
DIRECTORATE-GENERAL
Joint Research Centre

EXECUTIVE SUMMARY

The ICT for Health Unit of the Directorate General Information Society and Media (DG INFSO) and the Institute for Prospective Technological Studies (IPTS, DG Joint Research Centre) of the European Commission organized a joint workshop on "User Needs in ICT Research for Independent Living, with a Focus on Health Aspects". The objective of the workshop was to identify and discuss the main issues, from a user's perspective, regarding ICT for Independent Living with focus on health aspects in the ageing society. This report on the workshop aims to contribute to a clearer needs-oriented focus of the Ambient Assisted Living (AAL) initiative, a 5 year R&D project involving the European Commission, the Member States and European industry.

그림 5.1 과거형으로 작성된 연구보고서 Comyn *et al*, 2006

Evolutionary algorithms in multiply-specified engineering.
The MOEAs and WCES strategies

Jesús García *, Antonio Berlanga [1], José M. Molina

Universidad Carlos III de Madrid, Avda. Universidad Carlos III, 22, 28270 Colmenarejo, Madrid, Spain

Received 26 June 2006; received in revised form 30 November 2006; accepted 30 November 2006

Abstract

This paper addresses multi-objective optimization from the viewpoint of real-world engineering designs with lots of specifications, where robust and global optimization techniques need to be applied. The problem used to illustrate the process is the design of non-linear control systems with hundreds of performance specifications. The performance achieved with a recent multi-objective evolutionary algorithm (MOEA) is compared with a proposed scheme to build a robust fitness function aggregation. The proposed strategy considers performances in the worst situations: worst-case combination evolution strategy (WCES), and it is shown to be robust against the dimensionality of specifications. A representative MOEA, SPEA-2, achieved a satisfactory performance with a moderate number of specifications, but required an exponential increase in population size as more specifications were added. This becomes impractical beyond several hundreds. WCES scales well against the problem size, since it exploits the similar behaviour of magnitudes evaluated under different situations and searches similar trade-offs for correlated objectives. Both approaches have been thoroughly characterized considering increasing levels of complexity, different design problems, and algorithm configurations.
© 2006 Elsevier Ltd. All rights reserved

Keywords: Multi-objective search and optimization; Multi-criteria design; Fitness aggregation

그림 5.2 현재형으로 씌어진 연구논문 Garcia *et al*, 2007

Getting Started

About This Guide

This guide describes the basic features of your Motorola wireless phone.

To obtain a copy of this guide, see the Motorola Web site at:

`http://hellomoto.com`

Selecting a Menu Feature

Use the menu system to access your phone's features. This guide shows you how to select a menu feature from the home screen as follows:

Find the Feature   ⌒ > Recent Calls > Dialled Calls

This example shows that, from the home screen, you must press the menu key ⌒ to open the menu, scroll to and select Recent Calls, then scroll to and select Dialled Calls.

Press the 4-way navigation key ⊕ to scroll and highlight a menu feature. Press SELECT (‿) to select the highlighted menu feature.

Optional Features

 This label identifies an optional network, SIM card, or subscription-dependent feature that may not be offered by all service providers in all geographical areas. Contact your service provider for more information.

그림 5.3 현재형으로 씌어진 모토롤라 V3 휴대전화 사용 설명서 Motorola, 2004

5.2 제목의 표기

어떤 글을 읽을 때 가장 먼저 눈에 들어오는 것은 제목이다. 제목을 어떻게 정하느냐도 중요하지만, 그 제목을 어떻게 나타내느냐 하는 것도 그에 못지않게 중요하다. 제목의 스타일과 서체에서 보여 주는 이미지는 글을 읽기도 전에 그것을 읽는 사람으로 하여금 글 전체의 내용을 가늠하게 만들 때도 있다. 따라서 제목을 정하고 그것을 나타낼 때는 각별한 주의가 필요하다. 한편 영어로 제목을 쓸 때 한국어와 다른 점은 한국어에 없는 대 · 소문자를 구분해야 한다는 것이다^{그림} 5.4 참조.

Integrating Contextual Video Annotation into Media Authoring for Video Podcasting and Digital Medical Records

I-Jong Lin, Hui Chao
Digital Printing and Imaging Laboratory
HP Laboratories Palo Alto
HPL-2007-9
January 22, 2007*

그림 5.4 제목의 대 · 소문자 구분 Lin & Chao, 2007

영어로 제목을 쓸 때 특별히 정해진 규칙은 없지만 일반적으로 다음과 같은 4가지 경우가 있다.

예 5.1_	Microsoft Manual Of Style For Technical Publications.

예 5.2_	Microsoft manual of style for technical publications.

예 5.3_	microsoft manual of style for technical publications.

예 5.4_	Microsoft Manual of Style for Technical Publications.

예문 5.1은 제목에 들어가는 모든 단어들을 대문자로 시작한 경우이고, 예문 5.2는 제목의 첫 단어만 대문자로 쓴 경우이다. 예문 5.3은 제목을 모두 소문자로 표시한 것이고, 예문 5.4는 제목의 첫 번째 단어의 시작과 그 밖에 전치사와 접속사를 제외한 모든 단어들을 대문자로 표기한 것이다. 이 책은 과학기술 분야에서 주로 사용하는 예문 5.4를 추천한다. 예문 5.1, 예문 5.2, 예문 5.3 모두 잘 못된 것은 아니지만, 예문 5.1은 쉽게 읽을 수 없는 딱딱한 느낌을 주고 예문 5.2와 예문 5.3은 제목이라는 느낌을 주지 않기 때문이다.

5.3 관사의 사용

영어 기술 글쓰기뿐만이 아니라 일반 영어 글쓰기에서조차 한국 사람들이 가장 어려워하는 것이 바로 관사의 사용이다. 한국 사람들이 관사를 어려워하는 이유는 간단하다. 한글은 영어와 달리 관사의 개념이 희박하기 때문이다. 관사는 명사 앞에 위치하여 그 명사의 의미를 한정하거나 규정한다. 경우에 따라서 관사가 없더라도 예문 5.5에서처럼 문장을 이해하는 것이 가능하다. 그러나 예문 5.6에서와 같이 관사를 사용함으로써 그 문장의 의미는 더욱 분명해진다.

> **예 5.5_**   If error code has been generated, code appears in Device Status box on General tab. (Adopted and modified from Microsoft, 2007a)

> **예 5.6_**   If an error code has been generated, the code appears in the Device Status box on the General tab.

관사는 부정관사(a/an)와 정관사(the)로 구분하며 예외는 있지만 일반적으로 부정관사에서 'a'는 자음 앞에 쓰고, 'an'은 모음 앞에 쓴다. 상당수 한국 사람들이 막상 영어 기술 글쓰기를 할 때 부정관사와 정관사의 구분을 어려워한다. 그러나 생각하기에 따라 오히려 이 둘 중 어떤 것을 사용할 것인지 결정하기란 의외로 쉬울 수 있다. 부정관사는 '어떤 종류 중 하나'를 의미하고, 정관사는 '상대방이 내가 어떤 것을 지칭하는지 알고 있는'것을 말할 때 사용한다고 기억하면 된다. 예문 5.7, 예문 5.8, 예문 5.9를 살펴보자.

예 5.7_ **A mechanic must like cars.**

위 문장에서 부정관사 'A'는 특정 mechanic^{정비사}을 지칭하는 것이 아니라, 아무 정비사, 또는 정비사라는 직업을 가진 사람 중 아무나 한 명을 말한다.

예 5.8_ **My brother is a mechanic.**

이 문장에서 부정관사 'a'의 의미는 여러 직종 중 mechanic^{정비사}이라는 직업을 의미한다.

예 5.9_ **I am going to see the mechanic.**

이 문장에서 정관사 'the'를 썼다면, 내 말을 듣는 사람도 내가 어떤 mechanic^{정비사}을 지칭하는지 알고 있다는 이야기다.

대부분의 경우 관사의 잘못된 사용으로 문장의 정확한 의미가 불분명해진다. 하찮아 보이는 관사의 그릇된 사용은 글을 읽어 나가는 독

자들에게 혼란을 가중시킬 수 있다. 따라서 글쓴이의 의도를 분명하게
전달하기 위해서 관사의 올바른 사용법에 대해 다시 한번 점검하는 것
이 좋다. 그림 5.5는 Swan[1992]이 제안한 간편하고 올바른 관사 선택
프로세스이다.

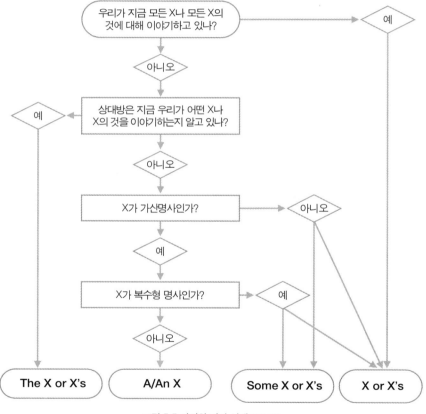

그림 5.5 **간편한 관사 선택** Swan, 1992

5.4 1인칭 주격 대명사 'I'

영어 기술 글쓰기를 처음 시작할 때 자주 듣는 말이 바로 1인칭 주격 대명사의 사용불가이다. 이 1인칭 주격 대명사 'I'의 사용 여부가 기술 글쓰기와 일반 글쓰기를 구별 짓는다 해도 과언이 아닐 정도로 이공계쪽 사람들은 이 'I'의 사용을 금기시한다. 그 이유는 의외로 간단하다. 과학 기술 글쓰기는 사실에 근거한 객관적·기술적인 부분을 다루는 것이지 매우 특별한 경우를 제외하고는 개인의 주관적인 의견을 개진하는 것이 아니기 때문이다.

저자도 영국에서 학부과정 중에 제출한 과제물에서 'I'를 사용했다고 담당 영국인 교수님으로 호된 질책을 받은 적이 있었다. 덕분에 그 뒤로는 'I'의 사용에 상당한 주의를 기울이게 되었다. 물론 상황에 따라서 'I'를 반드시 사용해야 할 상황이 발생하게 마련이다. 그럴 때는 수동형이나 3인칭으로 대신하는 방법을 생각해 볼 수 있다. 한 가지 명심해야 할 것은 수동태는 글을 읽는 사람을 피곤하게 만드는 경향이 있으므로 극히 제한적으로 사용해야 한다.

5.5 축약(縮約)

영어 글쓰기를 할 때 'not'을 사용하여 부정문을 만드는 경우가 많이 있다. 주의 할 것은 영어 기술 글쓰기에서만큼은 'not'을 동사와 함께 축약^{縮約}하지 않는다는 점이다. 축약은 보통 'isn't(is not)', 'wasn't(was not)', 'aren't(are not)', 'weren't(were not)', 'don't(do not)', 'didn't(did not)', 'can't(can not)', 'couldn't(could not)' 등과 같은 형태로 사용되는데 이와 같은 축약은 일반 영어 글쓰기에서도 공식 · 비공식, 형식 · 비형식, 문어체 · 구어체 등을 구분짓는 기준이 되기도 한다. 한편 'ain't(am not)'나 'shan't(shall not)'와 같은 속어 역시 기술 문서에서는 사용하지 않는다.

5.6 올바른 조동사의 사용

조동사는 일반동사 앞에 자리를 잡고 뒤에 오는 일반동사에 시제, 부정, 강조, 허가, 가능성 등의 뜻을 더해 주는 역할을 한다. 영어 기술 글쓰기에서는 일반동사의 뜻이 바로 이 조동사의 보조기능으로 인해 의미가 확연히 달라질 수 있다. 따라서 조동사를 상황에 맞춰 적절하게 사용해야지만 불필요한 오해가 발생하지 않는다. 특히 영어 기술 글쓰기를 할 때 'Can'과 'May'의 그릇된 사용은 차후 계약서나 소송의 문제로까지 번질 수 있으므로 각별한 주의가 필요하다. 소니-에릭스에서 만든 W800i 휴대전화 사용 설명서에 나온 예문 5.10과 예문 5.11을 살펴보자.

> 예 5.10_ **"Please contact your network operator or serv-**

ice provider if you are in doubt whether you can use a particular service or not."(Sony Ericsson, 2005)

예 5.11_ "However, if you need to hand in your phone for repair, please note that you may lose information and content that you have saved in your phone."(Sony Ericsson, 2005)

5.7 조건문을 사용할 때 주의할 점

'If'나 'When'을 사용하여 조건문을 만들 때 많은 한국 사람들은 언제 'If'를 사용해야 하며 언제 'When'을 사용해야 하는지를 혼동스러워 한다. 영어 기술 글쓰기의 실전에서 사용할 수 있는 이들의 용법을 간략하게 정리하면 다음과 같다.

(1) If: 어떤 일이 생길지 확신하지 못하는 경우

예 5.12_ Consider buying extra batteries and a power converter if you use a laptop computer.
(당신이 노트북 컴퓨터를 사용할 수도 있고, 그렇지 않을 수도 있는 상황)

(2) When: 우리가 어떤 일이 생길지 확신하는 경우

> 예 5.13_ **Consider buying extra batteries and a power converter when you use a laptop computer.**
> (당신이 노트북 컴퓨터를 사용할 것이라는 것을 확신하는 상황)

(3) If/When: 항상 일어나는 일의 경우

> 예 5.14_ **If/When you heat ice, it turns into water.**
> (당연히 항상 일어나는 일)

5.8 영어 기술 글쓰기에서의 성차별

과거 일반적인 글에서는 보통 사람들을 지칭할 때 '남성(he/him/his)'을 주로 사용하는 경향이 많았다. 'Chairman'이라는 단어가 그 대표적인 예라 할 수 있다. 그러나 여권신장과 함께 자연스럽게 'chairperson'이라는 호칭을 쓰게 되었고, 이는 영어 기술 글쓰기를 하는 사람도 간과해서는 안 될 중요한 사항이다. 영어 기술 글쓰기에서 성차별적인 요소를 제거하기 위해서는 글을 읽는 사람들의 성별을 구분지어서는 안 된다. 불특정인(anybody, someone)을 언급할 때 가급적 'They/Them/Their'를 쓰는 것이 좋다. 또한 단순히 'he'나 'she'를 쓰기보다는 'he or she', 또는 'his or her'라는 표현을 쓰는 것이 바람직

하다.

5.9 한국인이 자주 하는 실수들: 유사단어의 혼동

일반적으로 영문 기술 글쓰기를 할 때 최종 마무리 단계에 이르면 원고를 교정하고 편집을 하는 사람들이 따로 있다. 이들은 영어 기술 글쓰기를 하는 사람들이 글쓰는 과정에서 조금만 더 세심한 주의를 기울였다면 저지르지 않아도 될 일상적인 실수들이 있다고 말한다. 그 중에서도 영어 원어민 교정자 · 편집자들이 특히 한국 사람들이 자주 범하는 실수들을 아래와 같이 간략하게 정리했다. 참고로 아래 기술된 용법들은 상황에 따라 다르게 쓰일 수도 있음을 주지해야 할 필요가 있다.

(1) allow vs. enable

실제 영어 기술 글쓰기를 하다 보면 많은 한국 사람들이 이 두 단어의 사용에 대해 혼란을 겪는 것을 볼 수 있다. 간단하게 사람이 'allow^{허가하다 · 허락하다}'하는 것이고, 사물이 'enable^{할 수 있게 하다}'하는 것으로 알아두면 도움이 된다.

예 5.15_ "Additionally, developers can allow users to drag and drop objects inside a Web browser similar to the capabilities available on computer desktops to move folders and documents around."(Market WIRE, 2006)

예 5.16_ "PDF2Word (pdf to word) software enable export the text, images and other contents from pdf document into word document."(VeryPDF, 2006)

(2) back up vs. backup

컴퓨터를 이용한 작업을 설명할 때 사람들은 자료를 '백업'해 놓는다는 말을 사용하는데 막상 이 단어를 영어로 쓸 때는 머뭇거리게 된다. 'back'이라는 단어와 'up'이라는 단어를 띄어야 하는지 붙여야 하는지 헷갈리기 때문이다. 'back up'이라는 단어는 '지원하다'는 동사이고, 'backup'은 '컴퓨터에서 자료의 여벌을 만드는 행위'를 뜻하는 명사나 형용사이다. 한국 사람들에게는 단순히 단어와 단어 사이를 한 칸 띄어놓았을 뿐이지만, 품사 자체가 달라진다.

예 5.17_ "If you regularly make backup copies of your files and keep them in a separate place, you can get some, if not all, of your information back in

> the event something happens to the original on your computer. Deciding what to back up is highly personal."(Microsoft, 2006a)

(3) CTRL+ALT+DEL vs. CTRL-ALT-DEL

IT관련 사용 설명서를 영어로 작성하다 보면 'Ctrl', 'Alt', 'Del' 키보드 조합을 통한 시스템 종료 혹은 리부팅을 설명해야 할 때가 있다. 그럴 경우 각 단어 사이를 '+'로 할 것인지 '-'로 할 것인지 혼란스럽다. 딱히 정해진 것은 없지만 일반적으로 마이크로소프트 퍼스날 컴퓨터 기반 은 '+'를, 매킨토시 기반은 '-'를 쓰는 경향이 있다.

> 예 5.18_ "If you press CTRL+ALT+DEL twice on a Universal Serial Bus (USB) keyboard in Windows, you may receive the following error message on a blue screen: A fatal exception 06 has occurred at xxxx:xxxxxxxx." (Microsfot, 2007c)

> 예 5.19_ "David Bradley describes how he invented CTRL-ALT-DEL, then tries to backpedal after he inadvertently slams Bill Gates for making it famous." (DevilDucky, 2006)

(4) Disc vs. Disk

'Disc'와 'Disk'는 발음이 같기 때문에 한국 사람들은 실제 영어 기술 글쓰기를 할 때 자주 헷갈려 하는 단어 중 하나이다. 보통 음악시디로 대변되는 컴팩트 디스크(CD)와 같이 광학제품 등의 원형 모양을 언급할 때는 'Disc'를 사용하고, 3.5인치 또는 5.25인치 등의 자기 기억장치를 의미할 때는 'Disk'를 사용한다.

> 예 5.20_ "A few years ago the National Library recognised the need to address the preservation of the growing number of publication on computer disc in the collections."(Woodyard, 1999)

> 예 5.21_ "A floppy disk is a data storage device that is composed of a disk of thin, flexible("floppy") magnetic storage medium encased in a square or rectangular plastic shell."(Wikipedia, 2007a)

(5) electric, electrical, electronic, electronics

제품 설명을 하다 보면 언제 electric, electrical, electronic, electronics를 써야 하는지 혼란스러울 때가 있다. Electric은 전기를 통하거나 전기로 움직이는, 또는 작용하는 것을 의미하고, electrical은 일반적으로 전기에 관한 것이나 전기에 의한 것을 지칭할 때 사용한다. 한편 electronic은 전자와 관련된 제품을 지칭할 때 사용되는 용어이고, electronics는 전자와 관련된 학문, 또는 전기에 의해 작동하는 도구들을 말한다. 표 5.1을 통해 이들의 사용을 분명히 하자.

표 5.1 전기 · 전자와 관련 된 단어들 Turton & Heaton, 1997

단어	예
electric	an electric wire
	an electric generator
	an electric shock
	an electric current
	an electric light bulb
	an electric toaster
	an electric guitar
	an electric train set
	an electric razor
electrical	electrical systems
	a course in electrical engineering
	an electrical engineer
	electrical equipment
electronic	an electronic calculator
	tiny electronic components
	electronic surveillance
	electronic mail
	an electronic exchanger
	electronic scanning
electronics	a student of electronics
	the electronics industry

(6) once, after, when

영어 기술 글쓰기에서 once는 주로 시간과 관련된 것을 인용할 때 사용하며, after 는 어떤 사건이 이미 일어난 때 사용한다. 그에 비해 When은 어떤 행동이나 사건이 동시에 일어날 때 많이 사용한다. 컴퓨터 업계의 거인 마이크로소프트에서는 이러한 단어들을 어떻게 사용하고 있는지 아래 예문을 통해서 알아본다.

> **예** 5.22_ Keyboard works fine during startup-but once the logon screen appears, keyboard function is lost.

> **예** 5.23_ No mouse or keyboard works after updating Windows 2000.

> **예** 5.24_ When you start Windows 2000, the mouse and keyboard may not respond.

(7) while vs. whereas

영어 기술 글쓰기가 능숙한 한국 사람들도 의외로 while이 '~을 하는 동안에'라는 뜻 이외에 '~에 반해서'라는 의미로 사용될 때 whereas~에 반해서와 혼동을 하는 경우가 많다. While은 두 가지 일을 '동시'에 할 때 사용하며, whereas는 그렇지 않은 경우에 사용하면 된다.

> **예** 5.25_ **Do not click** while **eating or drinking.**

> **예** 5.26_ **Our company develops a software application for privacy protection,** whereas **some of our competitors develop the antivirus software they claim to protect you from.**

(8) 단어조합

앞서 전기 · 전자와 관련된 단어들의 사용 예를 살펴보았지만, 한국 사람이 저지르는 가장 흔한 실수 중 하나는 영어 기술 글쓰기를 할 때 적절하지 못한 단어들을 조합하는 일이다. 특히 영어 기술 글쓰기를 하다 보면 명사 앞에서 그 명사를 자세하게, 또는 보다 효과적으로 설명하기 위해서 형용사를 붙이는 경우가 많이 있다. 이들의 궁합이 잘 맞는다면 문장에서 그 의미는 빛을 발하겠지만, 그렇지 못한 경우는 반대의 경우가 된다.

표 5.2에서 ✓ 표시가 겹치는 형용사와 명사의 조합은 괜찮지만, 표시가 겹치지 않는 형용사와 명사의 조합은 가급적 피하는 것이 좋다. 예를 들면 'serious accident'는 흔히 사용하지만, 'great accident'라는 말은 잘 사용하지 않는다.

표 5.2 단어의 조합 Turton & Heaton, 1997

	big	deep	great	high	serious	strong
accident					✓	
attempt					✓	
change	✓		✓			
concern		✓	✓		✓	
cost			✓	✓		
crime					✓	
damage					✓	
danger			✓		✓	
diference	✓		✓			
difficulty			✓		✓	
effect	✓		✓	✓		✓
fun			✓			
impression		✓				✓
improvement	✓		✓			
income				✓		
influence	✓		✓		✓	✓
interest					✓	✓
mistake	✓		✓		✓	
possibility						✓
price				✓		
pride			✓			
problem	✓		✓		✓	
risk	✓		✓	✓	✓	
shock	✓		✓			
skill			✓			
speed			✓	✓		
surprise	✓		✓			
threat					✓	
trouble	✓	✓			✓	

마지막으로 그림이나 사진, 표 등을 삽입할 때, 제목은 문장 표기법에 맞춰 첫 단어의 시작과 그 밖의 전치사와 접속사를 제외한 단어들을 모두 대문자로 표기한다. Figure 4.3과 같이 글의 내용 중 특정 그림을 설명할 경우 문장 내에서도 대문자로 'F'를 써야 한다. 그러나 예를 들어 'The following figure……'와 같이 일반적인 'Figure'를 설명하게 될 때는 소문자도 무방하다. 한편 'Figure 4.3'에서 '3' 뒤에는 마침표가 없음을 기억해야 한다.

제6장 일반적으로 통용되는 주요단어 철자법 및 표기법

6.1 영어 철자법: US vs. GB

지구상에는 나라별로 미국식, 영국식, 한국식, 일본식, 중국식, 인디안식, 아프리카식 등과 같은 다양한 영어가 존재하지만 영어 철자법으로 넘어오면 일반적으로 크게 미국식과 영국식으로 구분이 된다. 영어 기술 글쓰기를 시작하기 전에 어디 식을 따를 것인지를 분명해야 한다. 그리고 일단 특정 철자법을 따르기로 결정하면 적어도 그 하나의 기술 글쓰기가 마무리될 때까지는 일관성을 유지해야 한다. 표 6.1은 미국식과 영국식 철자법의 차이를 간략하게 정리한 것이다.

표 6.1 미국식 영어 철자법과 영국식 영어 철자법 _{Soanes & Stevenson, 2003}

US	GB	US	GB
aluminum	aluminium	jewelry	jewellery
analyze	analyse	labor	labour
catalog	catalogue	practice	practise (verb)
center	centre	program	programme
check	cheque	theater	theatre
color	colour	tire	tyre
defense	defence	traveler	traveller
honor	honour	realize	realise

6.2 약자(略字)와 마침표: US vs. GB

마침표는 문장의 끝에 오는 작은 점이다. 미국식 영어에서 이 마침표가 흔히 약자^{略字}나 이름의 이니셜을 쓸 때 자주 사용된다. 한편 영국식 영어에서는 이러한 경우에 마침표를 사용하지 않는다(표 6.2 참조).

참고로 영문 기술 글쓰기를 할 때 어떤 특정 단어를 기존의 일반적인 의미와는 조금 다르게 사용하는 경우가 있다. 만일 그러한 경우에는 그 특정 단어에 대한 별도의 정의를 글의 앞머리에 내리고 사용한다. 그리고 한번 내린 정의에 대해서 그 글 안에서는 그 정의가 유효해야 한다. 예를 들어 MIT에 있는 Seth Lloyd 교수가 모은 복잡성 _{Complexity}의 정의만 45개나 되고, 현재도 그 수가 증가하고 있다(Arthur *et al*, 1997). 그 이유는 복잡성^{Complexity}이라는 용어가 어느 분야에 사용하느냐에 따라 그 의미가 달라지기 때문이다.

표 6.2 **미국식과 영국식 약자 표기법** Swan, 1992

US	GB
Mr. Lewis	Mr Lewis
Ms. Johnson	Ms Johnson
Andrew J. McCann	Andrew J McCann
etc.	etc
e.g.	eg
U.S.A.	USA
S.E. Asia	S E Asia
T.S. Eliot	T S Eliot

6.3 올바른 표기법

영어 기술 글쓰기를 하다 보면 중간에 특정 단어를 어떻게 표기하는 것이 좋은지 혼란스러울 때가 자주 있다. 일반적으로 사람들은 그럴 때마다 자기 생각대로 표기를 하는데 영어 기술 글쓰기는 일반 글쓰기와는 달리 정확한 표기법이 중요하다. 물론 앞서 언급했듯이 무엇이 옳고 그르다는 정확한 표준은 없으나 보편적으로 가장 널리 받아들이고 있는 것들을 기준으로 이 장에서는 한국 사람들이 자주 혼란스러워하는 단어와 문구의 올바른 표기법을 알아보자.

표기법	주의할 점	실제 사용 예문
double-click, right-click, left-click	동사형으로 사용. 단어와 단어 사이를 하이픈으로 연결	"For initial launch of the program, **double-click** the IP Textbook icon." (Harcourt, 2000)
drop-down drop down	형용사 동사	• "This tool will let you easily create a **drop-down** menu." (EchoEcho, 2002) • "To change the display of the picture **drop down** the box on the left under "Picture Display" and select your choice."(AC, 2007)
email	하이픈을 쓰지 않고, 문장을 처음 시작할 때를 제외하고는 굳이 대문자로 시작할 필요 없음.	"If you think we should include your carrier, please **email** us at extensions-sms@google.com." (Google, 2007a)
Filename	'file'과 'name' 사이에 하이픈 없음. 띄어쓰지도 않음.	"A **filename** is a special kind of string used to uniquely identify a file stored on the file system" (Wikipedia, 2007b)
Home page	중간에 하이픈 없이 띄어씀.	"The **home page** is the URL or local file that is automatically loaded when a web browser starts." (Wikipedia, 2007c)
intranet	문장의 처음에 나오지 않은 이상 소문자로 시작.	"An **intranet** is a private computer network that uses Internet protocols, network connectivity." (Wikipedia, 2007d)
Internet	항상 대문자로 시작	"We hope that this publication will give anyone with an interest in **Internet** standards an opportunity to keep abreast of many of the topics being debated by the IETF." (ISOC, 2007)

표기법	주의할 점	실제 사용 예문
Log in, login, log on, logon	'log in'과 'log on'은 동사, 'login'과 'logon'은 형용사. 두 가지 형태 모두 보편적으로 쓰이지만, 한번 어떤 것을 쓸지 정하면 일관성을 가지고 끝까지 사용해야 함.	• "Please **log in** below to access the Online Journal (remember all log-in information is case-sensitive)." (WSJ, 2007) • "Describes how to **log on** to Windows XP if you forget your password or your password expires, and you cannot create a new one." (Microsoft, 2006b) • "The Cherry advanced performance keyboards from NB Data Solutions offers secure logon solutions to any network." (Cherry, 2002)
Net	인터넷을 지칭할 때 대문자로 쓴다. .NET나 .net의 경우는 마이크로 소프트 테크놀로지를 지칭할 때 사용되며, 모두 대문자로 쓰든지 모두 소문자로 쓴다.	"All known breaking changes in the **.NET** Framework 2.0 have been reviewed in detail" (Microsoft, 2007b)
offline	형용사이며 단어 사이를 띄거나 중간에 하이픈을 사용하지 않는다.	"Download an unlimited number of web and FTP sites for later **offline** viewing, editing, or browsing." (MetaProducts, 2007)
online	형용사 또는 부사로 사용될 수 있으며 형용사로 사용될 때는 단어 사이를 띄지 않고, 하이픈도 쓰지 않는다.	"Merriam-Webster provides a free **online** dictionary, thesaurus, audio pronunciations, Word of the Day, word games, and other English language resources." (Merriam-Webster, 2007)
Plug and Play	P의 시작은 대문자로 표기한다.	"The term **Plug and Play** is most associated with Mircosoft, who started using it in reference to their Windows 95 product." (Wikipedia, 2007e)

표기법	주의할 점	실제 사용 예문
PostScript	일반적으로 사용되는 postscript(P.S.)는 라틴어인 post scriptum (after writing)에서 왔지만 컴퓨터 업계에서는 PS로 사용되면 'P'와 'S'가 대문자이다.	"PostScript (PS) is a page description language and programming language used primarily in the electronic and desktop publishing area." (Wikepedia, 2007f)
Pull-down menu	'Pull'과 'down' 사이에 하이픈이 있다.	"You can add a pull-down menu to your Web site." (Smith, 2007)
ScanDisk/San Disk	이 단어는 고유명사로 'S'와 'D'가 대문자이다.	"ScanDisk is a common typo for SanDisk, a maker of computer flash memory products." (Wikepedia, 2007g)
scrollbar	한 단어이고, 중간에 하이픈이 없다.	"You can change the color of the scrollbars for this element with the controls below"(Microsoft, 2007d)
set up, setup	'set up'은 동사, 'setup'은 명사 또는 형용사	• "If more than one person uses your computer, set up different accounts so that everyone can keep their information separate and private."(Microsoft, 2007e) • "Please not that some advanced setup issues are not covered here: the full distributioin (ZIP file or tal-ball) includes a file called RUNNING.txt which discusses these issues." (Apache, 2006)
Spacebar	'Space'와 'bar'를 한 칸 띄우는 사례도 있으나 가급적이면 한 단어로 사용한다.	"Spacebar is a long horizontal key on the lower edge of a keyboard." (Computer Hope, 2006)
status bar	'status'와 'bar'사이를 한 칸 띄운다.	"This same will add a static text string to the status bar at the bottom of Firefox browser windows." (Mozilla, 2007)

표기법	주의할 점	실제 사용 예문
title bar	역시 'title'과 'bar'사이를 한 칸 띄운다.	"This neat script runs a handy clock in the title bar."(JavaScript, 2007)
ScreenTip	'S'와 'T'가 대문자이다.	"The ScreenTip appears when the pointer is positioned over the shape." (Microsoft, 2007f)
TrueType	중간에 두 번째 'T'가 대문자인 것에 주의한다.	"TrueType is an outline font standard originally developed by Apple Computer in the late 1980s as a competitor to Adobe's Type 1 fonts used in PostScript." (Wikipedia, 2007h)
UNIX, Linux	일반적으로 UNIX는 모두 대문자로, Linux는 첫 글자만 대문자로 쓴다.	"Known issues with widgets on Linux or UNIX." (Opera, 2006)
up-to-date	가급적이면 혼동하지 않도록 항상 하이픈으로 연결하는 것이 좋다.	"RSS readers keep you up-to-date with your favourite sites." (Kantor, 2004)
URL (Uniform Resource Locator)	항상 대문자. 'U'가 'Universial'을 뜻하는 것이 아니라는 것을 명심한다.	"Class URL represents a Uniform Resource Locator, a pointer to a 'resource' on the World Wide Web." (Sun Microsystems, 2007)
Usenet	'USEr NETwork'의 약자로 'U'의 시작은 항상 대문자로 한다.	'Google has fully integrated the past 20 years of Usenet archives into Google Groups." (Google, 2007b)
Web	'World Wide Web (WWW)'을 뜻할 때 'W'를 항상 대문자로 시작한다.	"The World Wide Web (WWW or simply the 'Web') is a system of interlinked, hypertext documents that runs over the Internet." (NationMaster, 2007)

표기법	주의할 점	실제 사용 예문
wizard	컴퓨터 프로그램에서 특정 설치 마법사와 같은 것을 나타낼 때 'W'는 대문자로, 일반적인 마법사는 소문자로 표기.	• "A wizard is a man who has magical powers, especially in legends and fairy tales." (Soanes & Stevenson, 2003) • "You can also use the Customer Installation **Wizard** to create a transform that runs additional Setup programs, such as the Profile **Wizard**, at the end of the Microsoft Project 2002 installation."(Microsfot, 2006c)

만일 이 같은 단어들의 사용에 확신이 없으면 이 책에서 나온 대로 사용하도록 하는 것도 하나의 방법이다.

6.4 도량형

도량형을 사용할 경우에는 업종에 따라 의미가 달라지므로 영어 기술 글쓰기를 할 때 각별히 주의해야 한다. 예를 들면, 물리학에서 kilo-bytes를 사용할 때, 1K=1,000을 의미하지만, 컴퓨터 공학에서는 1K=1024를 의미한다. mega, giga, tera, peta 등도 마찬가지이다.

표시	내용
bit/s (formal), bps (informal)	bit per second
1 kbit/s	one kilobit/one thousand bits per second
1 Mbit/s	one megabit/one million bits per second
1 Gbit/s	one gigabit/one billion bits per second
Bps, B/s	bytes per second
kB	kilobyte
MB	megabyte
GB	gigabyte
TB	terabyte
Hz	Hertz
MHz	megahertz
GHz	gigahertz

Effective Technical Writing

제7장

당부의 말

응용언어학에서는 언어를 L1과 L2로 나눈다. L1은 의사소통 수단으로 제일 먼저 접한 언어를 말하고, L2는 L1을 제외하고 공부를 해서 익힌 언어를 지칭한다. 외국에서 태어난 한국인은 예외이지만 일반적으로 한국인에게 한국어는 L1이고, 영어는 L2인 셈이다. 기술 글쓰기와 관련해서 미국이나 영국 등에서 만들어진 책들은 대부분 영어 원어민을 상대로 한 책들로 모국어가 영어인 사람들이 배우는 영어 기술 글쓰기 교재라는 것이다.

한국인 선생님이 한국인 학생들에게 한국어 작문수업을 하는 방식 그대로 책만 영어교재로 바꿔서 영어작문을 배우는 것에는 문제가 있을 수밖에 없다. 기업도 마찬가지이다. 과거 한국의 기업들은 서구 선진기업에서 도입하는 신경영기법들을 무조건 받아들이려 하는 경향이 있었다. 이유는 간단하다. 쉽고 편하기 때문이었다. 문제는 미국이나 영국에서는 이 같은 경영기법들이 통했을지 모르지만 한국에서는 통하지 않는 경우가 많다는 것이다.

결론적으로 우리 기업들은 아무리 좋은 선진 경영기법이라도 우리에게 맞지 않는다면 쓸모가 없다는 것을 깨달았다. 그 후 우리 기업의 현실과 생리에 맞게 고쳐서 받아들일 것은 받아들이고, 버릴 것은 버리는 작업이 진행되었다. 철저한 현지화가 이루어진 것이다. 국내에 진출한 외국계 기업들도 마찬가지이다. 한국의 사정에 맞는 현지화 전략 없이 자국의 경영전략만을 고집한 외국 기업들은 모두 퇴출되었다. 세계 최대 유통업체인 미국의 월마트와 프랑스의 까르푸가 그 대표적인 예이다.

과거 영어교육학계에서도 처음에는 L2 글쓰기 방법에 대한 기초연구가 없다 보니 영어 사용국가의 L1 글쓰기 방식을 그대로 도입하는 사례가 많았다. 그러나 한국과 같이 영어를 외국어로 가르치는English as a Foreign Language, EFL 나라의 학계와 교육현장에서는 끊임없이 이러한 상황에서의 L1 글쓰기 방식의 문제점을 제기해 왔다. L1 글쓰기와 L2 글쓰기는 분명 다르다. L1 글쓰기 방식을 벤치마킹할 수는 있다.

그러나 근본적으로 가장 효과적인 L2 글쓰기를 위해서는 결국 한국적 상황에 맞는 L2 글쓰기 접근방법이 있어야 하고, 결국은 한국인에게 맞는 제대로 된 영어 기술 글쓰기를 하기 위해서는 한국적 상황에 맞는 영어 기술 글쓰기 전문서적이 절실히 필요한 상황이다. 이 책이 결코 완전하지 않지만 이 책을 시작으로 한국인을 위한 보다 효과적인 영어 기술 글쓰기에 더 많은 관심이 모아지기를 바란다.

:: 참고문헌

AC(2007). *How to change your Wallpaper in Windows 2000*. Retrieved February 5, 2007, from the WWW: http://www.associatedcontent.com/article/81782/ windows_2000_how_to_manage_your_desktop.html.

Apache(2006). *The Apache Tomcat 5.5 Servlet/JSP Container – Tomcat Setup*. Retrieved February 5, 2007, from the WWW: http://tomcat.apache.org/tomcat- 5.5-doc/setup.html.

Arthur, W., Durlauf, S., Lane, D.(1997). *The Economy as an Evolving Complex System II*: Santa Fe Institute Studies in the Sciences of Complexity Proceedings Volume XXVII, Massachusetts: Addison-Wesley.

Apple(2007). *iPod Features Guide*. Apple, Inc.

Bradford, R.(2005). *Web 2.0. Not to be confused with Internet 2*. Retrieved January 12, 2007, from the WWW: www.planetmysql.org/entries/1409.

Cherry (2002). *NB Data Solutions*. Retrieved February 5, 2007, from the WWW: http://www.nb-data.co.uk/Cherry%20Keyboards.htm.

Computer Hope(2006). *Spacebar*. Retrieved February 5, 2007, from the WWW: http://www.computerhope.com/jargon/s/spacebar.htm.

Comyn, G., Olsson, S., Guenzler, R., Ozcivelek, R., Zinnbauer, D., Cabrera, M.(2006). *User Needs in ICT Research for Independent Living, with a Focus on Health Aspects*, European Commission Joint Research Centre (DG JRC).

Collins COBUILD English Dictionary for Advanced Learners (2001) 3rd ed. London: Collins.

DevelDucky(2006). *Origin of CTRL-ALT-DELTE*. Retrieved February 3,

2007, from the WWW: http://www.devilducky.com/media/28888/.

EchoEcho(2002). *Online Tools.* Retrieved February 5, 2007, from the WWW: http://www.echoecho.com/tooldropdown.htm

Garcia, J., Berlanga, A., Molina, J.(2007). Evolutionary algorithms in multiply-specified engineering. The MOEAs and WCES strategies. *Advanced Engineering Informatics*, 21(1), 3-21.

Google(2007a). *Google Send to Phone.* Retrieved February 5, 2007, from the WWW: http://www.google.com/tools/firefox/sendtophone/faq.html.

Google(2007b). *20 Year Usenet Timeline.* Retrieved February 5, 2007, from the WWW: http://www.google.com/googlegroups/archive_announce_20.html.

Harcourt(2000). *How to Use Your Student Tools CD-ROM.* Retrieved February 5, 2007, from the WWW: http://www.brookscole.com/physics_d/templates/instructor_resources/003026961X_serway/in_readme.html.

HelpWithWindows(1999). *Device Manager Error Codes.* Retrieved January 12, 2007, from the WWW: http://www.helpwithwindows.com/windows95/troub-70.html.

ISOC(2007). *IETF Journal.* Retrieved February 5, 2007, from the WWW: http://www.isoc.org/ietfjournal/.

JavaScript(2007). *The JavaScript Source: Time and Date: Title Bar Clock.* Retrieved February 5, 2007, from the WWW: http://javascript.internet.com/time-date/title-bar-clock.html.

Kantor, A.(2004, February 1). RSS readers keep you up-to-date with your favorite sites. *USA Today.* Retrieved February 5, 2007, from the WWW: http://www.usatoday.com/tech/columnist/andrewkantor/2004-01-02-kantor_x.htm.

Lin, I. & Chao, H.(2007). *Integrating Contextual Video Annotation into Media*

Authoring for Video Podcasting and Digital Medical Records (Tech. Rep. HPL-2007-9). Palo Alto, CA: HP Laboratories.

Turton, N. & Heaton, J.(1997). *Dictionary of Common Errors*. Essex: Addison Wesley Longman.

Market WIRE(2006). *Strategic Partnership with the Dojo Foundation to Foster Greater Ajax Adoption and Growth*. Retrieved February 2, 2007, from the WWW: http://www.marketwire.com/mw/release_html_b1?release_id=133309.

Merriam-Webster(2007). *English Online Dictionary: Merriam-Webster Online*. Retrieved February 5, 2007, from the WWW: www.ats-group.net/dictionaries/ dictionary-websters-online.html.

MetaProducts(2007). *Offline Explorer*. Retrieved February 5, 2007, from the WWW: http://www.metaproducts.com/OE.html.

Microsoft(2006a). *How to decide what data to back up*. Retrieved February 3, 2007, from the WWW: http://www.microsoft.com/athome/security/update/backup. mspx

Microsoft(2006b). *How to log on to Windows XP if you forget your password or your password expires*. Retrieved February 5, 2007, from the WWW: http://support. microsoft.com/kb/321305.

Microsoft(2006c). *Custom Installation Wizard*. Retrieved February 5, 2007, from the WWW: http://www.microsoft.com/technet/prodtechnol/project/project2002/ reskit/prk_pcustominstall_3516.mspx?mfr=true.

Microsoft(2007a). *Explanation of Error Codes Generated by Device Manager*. Retrieved January 12, 2007, from the WWW: http://support.microsoft.com/kb/125174.

Microsoft(2007b). *Breaking Changes in .NET Framework 2.0*. Retrieved February 5, 2007, from the WWW: http://msdn2.microsoft.com/en-us/netframework/

aa570326.aspx.

Microsoft(2007c). *Error Message Using CTRL+ALT+DELETE to Shut Down with USB Keyboard.* Retrieved February 3, 2007, from the WWW: http://support. microsoft.com/default.aspx?scid=kb;en-us;222518.

Microsoft(2007d). *Scrollbar Color Properties.* Retrieved February 5, 2007, from the WWW: http://msdn.microsoft.com/workshop/samples/author/dhtml/refs/scrollbarColor.htm.

Microsoft(2007e). *Windows XP: Setting it up.* Retrieved February 5, 2007, from the WWW: http://www.microsoft.com/windowsxp/using/setup/winxp/default.mspx.

Microsoft(2007f). *Add, edit, or delete a shape ScreenTip.* Retrieved February 5, 2007, from the WWW: http://office.microsoft.com/en-us/visio/HP010370941033. aspx

Motorola(2004). *Motorola V3 User Manual.* Manual No. 6809491A47-O, Motorola, Inc.

Mozilla(2007). *Creating a status bar extension.* Retrieved February 5, 2007, from the WWW: http://developer.mozilla.org/en/docs/Creating_a_status_bar_extension.

NationMaster(2007). *Encyclopedia – World Wide Web.* Retrieved February 5, 2007, from the WWW: http://www.nationmaster.com/encyclopedia/World-Wide- Web.

Opera(2006). *Changelog for Opera 9.0 Technology Preview 2 for UNIX.* Retrieved February 5, 2007, from the WWW: http://snapshot.opera.com/unix/u90p2.html.

O'Reilly, T.(2005). *What Is Web 2.0.* Retrieved January 12, 2007, from the WWW: http://www.oreillynet.com/pub/au/27.

Smith, D. (2007). *Implement a Pull-Down Menu*. Retrieved February 5, 2007, from the WWW: http://www.inquiry.com/techtips/dhtml_pro/10min/10min0300/10min0300.asp.

Soanes, C., & Stevenson, A. (2003). *Oxford Dictionary of English*, Oxford: Oxford University Press.

Sony Ericsson(2005). *W800i User Guide* (Publication No. EN/LZT108 7881 R1A). Sony Ericsson Mobile Communications AB.

Sun Microsystems(2007). *Clases in java.net used by java.applet*. Retrieved February 5, 2007, from the WWW: http://java.sun.com/j2se/1.3/docs/api/java/net/package-use.html.

Swan, M. (1992). *Oxford Pocket Basic English Usage*. Oxford: Oxford University Press

VeryPDF(2006). *PDF to Word v3.0*. Retrieved February 2, 2007, from the WWW: http://www.verypdf.com/pdf2word/index.html.

Wikipedia(2007a). *Floppy disk*. Retrieved February 3, 2007, from the WWW: http://en.wikipedia.org/wiki/Floppy_disk.

Wikipedia(2007b). *Filename*. Retrieved February 5, 2007, from the WWW: http://en.wikipedia.org/wiki/Filename.

Wikipedia(2007c). *Homepage*. Retrieved February 5, 2007, from the WWW: http://en.wikipedia.org/wiki/Home_page.

Wikipedia(2007d). *Intranet*. Retrieved February 5, 2007, from the WWW: http://en.wikipedia.org/wiki/Intranet.

Wikipedia(2007e). *Plug and Play*. Retrieved February 5, 2007, from the WWW: http://en.wikipedia.org/wiki/Plug-and-play.

Wikipedia(2007f). *PostScript*. Retrieved February 5, 2007, from the WWW:

http://en.wikipedia.org/wiki/PostScript.

Wikipedia(2007g). *ScanDisk*. Retrieved February 5, 2007, from the WWW: http://en.wikipedia.org/wiki/ScanDisk.

Wikipedia(2007h). *TrueType*. Retrieved February 5, 2007, from the WWW: http://en.wikipedia.org/wiki/TrueType.

Woodyard, D.(1999). *Practical advice preserving publications on disk*. Paper presented at Information Online and On Disc '99, Sydney, Australia.

WSJ(2007). *The Wall Street Journal Log In*. Retrieved February 5, 2007, from the WWW: http://online.wsj.com/login.

Y.O. Jong(2006a). Effective Approaches to Teaching English Writing in South Korea, *Proceeding of the 2006 KATE International Conference*, 23rd–24th June 2006, Hanyang University, Seoul, South Korea, pp. 485-491.

Y.O. Jong(2006b). *Effective Approaches to Teaching English Writing in the Korean EFL Context: Developing a Model for Hybrid of the Product-Process Approaches*, MA Dissertation, September 2006, University of Warwick, UK.

정채관 BEng(Hons) Birmingham, MSc Warwick, MIEE

- □ 英버밍엄대학교 생산 공학 및 일본어 학사, 英워릭대학교 기술경영공학 석사, 英워릭대학교 산업공학과 박사과정, 英워릭대학교 영어교육과 영어 글쓰기 전공 박사과정 입학 예정(2007.10).
- □ 다년간 영국 현지에서 연구개발 컨설팅 및 프로젝트 수행(참여회사: 英롤스로이스, 英북함테크놀러지, 英푸르드호프만, 英워릭매뉴펙처링 그룹). 영국 산·학·연 협력시스템 전문가. 英워릭대학교 IT센터 프로젝트 팀장.
- □ 英워릭대학교 공과대학원 석사과정 1st 슈퍼바이저(2003~2005, 총6명), 석사논문 심사관(2003-2005), 석사과정 퍼스널튜터(2003~2006, 총18명). 재영과학기술자협회 지역대표.
- □ 月刊朝鮮 영국통신원 '정채관의 영국이야기' 연재(2002~현재), SK텔레콤 스카이벤처 영국통신원 신기술정보동향보고 '정채관의 영국은…' 연재(2005~현재).

■ 영어글쓰기연구소(English Writing Research Institute) 웹사이트: http://www.ewri.or.kr

한눈에 들어오는
이공계 영어 기술 글쓰기

2007년 4월 25일 초판인쇄
2007년 4월 30일 초판발행

지은이 정채관
펴낸이 이찬규
펴낸곳 북코리아
등록번호 제03-01240호
주소 121-802 서울시 마포구 공덕2동 173-51
전화 (02) 704-7840
팩스 (02) 704-7848
이메일 sunhaksa@korea.com
홈페이지 www.ibookorea.com

값 6,500원

ISBN 978-89-92521-19-2 03300